手話通訳者

きこえない人への
まなざしと
権利擁護

西田朗子 著
NISHIDA Akiko

クリエイツかもがわ
CREATES KAMOGAWA

まえがき

春になると、新入生対象の授業の初回に自己紹介をします。

「聴覚障害者福祉を研究しています。手話通訳をしています」

社会福祉を学ぶ学科の新入生は、社会福祉に興味がある、社会福祉士の資格を取得して具体的にしたい仕事を決めている、なんとなく人の役に立つ仕事がしたいと考えているなどさまざまですが、基本的に、誰かのために何かをしたいと考えている学生たちです。

しかし大半の学生は、「手話は知っているけれど、聴覚障害者も、手話通訳も見たことがない、知らないなあ」という表情をします。社会福祉に興味があるはずの学生たちでもそんな反応だということは、聴覚障害者や手話に関する社会的認知はまだまだなのだ、と毎年のように実感します。

そんな学生たちでも半年から1年くらいたつと、たいてい1人か2人はこんな話をしてきます。

「アルバイト先にきこえない人が来ました。手話ができるとカッコいいのに、と思いました」

アルバイト先を尋ねると、近年の学生の定番なのか、コンビニエンスストアや居酒屋です。

「手話でなくても、筆談や身振りでコミュニケーションができるって話をしたでしょう。少しは手話の単語も教えたし。何かやりとりをしてみたの？」

「何もできませんでした。指差しでなんとかしのぎました」

学生たちは、手話ができないときこえない人とコミュニケーションをとれない、と思っているようなのです。

「どんなことを話したいと思ったの？　何を伝えたいのかを言ってくれたら、その手話を教えますよ」

しかしその答えはありません。とにかく「手話ができたらカッコいい」と言うばかりです。学生たちの「手話がカッコいい」という感覚は、手話で話をしていて奇異な目で見られたり、吐き捨てるように侮蔑的な言葉をかけられたりした経験をもつ筆者にとって、隔世の感があります。

もちろんよいことだと思います。しかし、偏見とはいえないまでも、手話ができなければきこえない人と関われない、自分たちと違うから踏み込めない、と考えてしまう学生たちの感覚には、寂しさを覚えます。

「手話を勉強したいんですけど、どこで学べますか？」

なかにはこんな質問をする学生もいます。

「少しは教えられるけれど、その地特有の手話があるので、地元のきこえない人や手話のできる人から学んだほうがいいよ」と、近くに手話サークルがあることを伝えています。

手話を学んで、きこえない人たちのことも知ってほしいと願っていますが、続くかどうかはわかりません。単なる語学のひとつと考えているのかもしれません。

幼い頃からきこえない人が身近にいる人はそう多くないと思います。きこえない親のいるきこえる子どもを「コーダ」といいます。比較的早い時期に自分の家族がほかの家族と違うと気づき、幼い頃から親の手話通訳をするなど、複雑な経験や思いを重ねていくことが、近年増えている研究で明らかにされ、ヤングケアラーとしても注目されています。

筆者の場合は親ではなく、親戚の叔父と叔母たち4人がきこえない人でした。同居しているわけでもなく、月に一度くらいの頻度で会うだけですが、きこえない人がいるのが普通でした。世の中の叔父や叔母といわれる人は、みんなきこえない人だと思っていました。

それが違うと気づいたのは、小学生の頃でした。ある日友人の誕生会に招かれ「同居しているの」と紹介された叔母さんがきこえる人だったからです。間抜けな話ですが、とても驚いて「落ち着け自分」と焦ったことを覚えています。

その後、母が手話を学び始めました。手話通訳者として活動を始めると、自宅にさまざまなきこえない人が来るようになりました。しかし、母の客人とそんなに話をしたという覚えはありません。ただ、学校から帰ると時々、なぜかきこえない人が留守番をしていました。

「お母さんは？」

「出かけているよ」

そんな会話をしたはずですが、それが手話だったのか口話だったのか、はっきり覚えていません。どうやら、手話か音声かを区別をすることなく話していたようです。

留守番をしていた人が、京都ろうあセンター初代所長だった明石欣造さんだったと知るのは、きこえない人に関わる仕事をするようになってからです。筆者にとっては、床の間の柱の前にいつも座っていて、柱と同じこげ茶色のジャケットを着ているおじさんでした。

本書に出てくるろうあ運動は、きこえない人がさまざまな権利を奪われている状況を改善し、当たり前の暮らしを求める運動です。明石さんも京都のろうあ運動の中心的人物でした。しかし、それらは母や家に来る人たちがしていることであって、当時の筆者との関わりはありませんでした。

ただし、全然なかったわけではありません。当時、京都市左京区の高野にあった聴言センター（京都市聴覚言語障害センター。聴覚障害者への相談事業、情報提供事業、手話通訳者、要約筆記者の派遣事業等を行っている。現在は京都市中京区に移転）に連れて行かれ、レクリエーションに参加したことがありました。アイラブパンフ運動（ろうあ運動のひとつ。57頁参照）のときは、母から少々強引に小遣い天引きでパンフレットを購入した覚えもあります。それが当たり前で、小遣いが減ったという不満が残っただけでした。

きこえない人はかつて、運転免許が取得できませんでした。１９６７年に運転免許取得を求めて裁判を起こしたきこえない人がいて、翌１９６８年からろうあ運動でも運転免許獲得運動が展開されました。現在は運転免許の取得が可能になっています（54頁参照）。

子どもの頃の筆者にとっては、きこえない叔父が運転免許を所持しており、よく車に乗せてもらっていましたから、きこえない人が車を運転することは、ごく自然なことでした。運転免許を持たない父よりも叔父のほうがすごいと思っていたほどです。

中学、高校と進んでいくうちに学校生活が忙しくなり、きこえない親戚や地元のきこえない人と会う機会も減って、手話で話すこともなくなっていきました。奇異な目で見られたり、侮蔑的な言葉を投げつけられたりして、手話で話すことがいやになったり、難聴のいとこの進学問題など、家の「ろうあ問題」といえるようなことを知るようになったりして、離れてしまったのもあります。

中学生のときに半年ほど、京都市手話学習会「みみずく」（手話サークル、78頁参照）に通いはしましたが、塾通いとの兼ね合いが難しくて続かず、手話はどんどん忘れ去っていきました。時折きこえない親戚に会う機会があっても、それほど深い話をするわけではなく、わからないときはコーダのいとこに手話通訳を頼めば事足りていました。

それが、大学を卒業して会社員を経験したのち、聴覚障害者福祉の法人に就職し、聴覚障害者福祉、高齢者福祉に関わることになったのですから、おかしなものです。

仕事として手話に関わるようになったことは、ほとんど忘れていた手話を思い出す作業と、新たに学び直す作業でした。業務の内外でさまざまなきこえない人に出会い、あるいは再会し、きこえない人との関わりのなかで手話を学び、手話のできる、きこえる人からも学びました。かつて手話サークルに通ったときになんとなく感じていた、音声日本語と手話の違いを本格的に意識し始めたことで、手話通訳者養成講座に通い、手話通訳の勉強を始めることにもなりました。

すると、社会福祉は馴染みのある世界だと思っていたのに、違和感を覚えることが増えました。これはきちんと勉強し直したほうがいいのではないか、これまでに見知った人たち以外にももっと多様なきこえない人がいるのではないか、と考え始めました。また、きこえない人が身近にいるわけでもないのに、手話を覚えたり手話通訳をしたり、ろうあ運動に参加したりするきこえる人たちの存在がずっと不思議でした。その人たちとほかの一般の人たちの違いは何なのだろう。こうした問いの答えを探せないかと考えたのが研究を始めるきっかけのひとつとなりました。

社会福祉研究といっても、研究領域はさまざまです。高齢者福祉、地域福祉、障害者福祉などがあり、障害ごとの研究もあります。大学院在学中、友人とお互いの研究について話していたある日のことでした。

「えっ、きこえない人が運転免許を取得できるの？」

「きこえない人は目がよいし、事故率もきこえる人と変わらないよ。きこえる人だって、音楽を聴きながら運転をしていて、外の音などきいていないでしょう」

驚く友人にこう説明しても、その友人は「そんなの危ない」と言い続けました。研究テーマが違うとはいえ、同じ社会福祉領域の研究をしている友人から言われたことに筆者のほうが驚きました。

聴覚障害者が自動車を運転する場合、現在は車にシンボルマークをつけることになっていますが、知っている人はどれほどいるのでしょうか。また、運転免許を獲得するためにどのような運動がされてきたかを知っている人はどれほどいるのでしょうか。

きこえない人の社会的環境は、不十分ながらも手話通訳制度や要約筆記制度等があり、手話言語条例の制定が全国に広まっている現在、確実によくなっています。免許や資格についても、以前はきこえないために取得できませんでしたが、運転免許をはじめ、さまざまな資格も取れるようになりました。弁護士、医師、薬剤師の資格を取得して働いている人もいます。

しかし、きこえない人へのまなざしはどうなのだろう、と首をかしげることがあります。「手話はカッコいい」と言う人たちがいることはうれしいものの、そこに、きこえない人の姿が見えていないのではないか、と不安になります。

本書は、きこえない人を支援している手話通訳者について、きこえる立場から、きこえないこと、きこえない人について言及しています。

そのなかで、きこえる人が手話を学ぶ場として京都市手話学習会「みみずく」を取り上げていますが、手話サークルは全国各地にあり、さまざまな活動を行っています。また、手話通訳者に実施したインタビューも紹介していますが、協力を得た手話通訳者は日本全体でみればごく一部で、その経験や経験を解釈して語られた言葉、本書での分析がすべての手話通訳者にあてはまるわけではありません。

手話通訳者が経験した時期や語った時期によっても、その経験の受け止め方や語り方は変容するでしょう。その意味で本書は、地域で活動する手話通訳者の一面しか示せていないという限界があります。

手話通訳者の話のなかに登場するきこえない人も、手話通訳者というフィルターを通して現れるきこえない人の一面です。そのため、きこえない人の観点では「そうではない」ということもあるでしょう。そのことについては、あらかじめお断りしておきたいと思います。

その上で、手話という言葉だけでなく、手話を入り口にして、きこえない人がどんな人なのか、どんな暮らしを営んでいるかに興味をもち、地域で出会った、あるいは縁あって出会ったきこえない人とまずは友人、隣人として関わってもらえたらと願っています。そこで出会うさまざまな人やさまざまな手話は、新しい発見と経験をもたらしてくれるはずです。

おそらく多くの人にとって手話通訳者は、たまに講演会などで見かけたり、テレビ画面の端に映り込んだりしているボランティア精神の豊富な人、という印象ではないでしょうか。実際には、手話通訳の活動はそれだけではありません。手話通訳者の多くは、さまざまなきっかけから手話を学び、手話通訳を学び、地域のきこえない人たちとさまざまな形で関わっています。

そして、きこえない人の社会的理解をどう拡大すればいいのかと悩み、一つひとつの事象に対応しながら、専門性をもって仕事をしている手話通訳者についても、本書を通して心を寄せてもらえれば幸いです。

西田朗子

2025年3月

手話通訳者　目次

序章　手話通訳者は何をする人か

手話通訳者とは、手話を音声日本語に訳して伝えること、そして音声日本語および場合によってはその周辺の音声情報を手話に訳して伝えること、これら大きくふたつの役割をもった人のことです。しかし、単純に言葉を変換している人ではありません。

手話通訳で多くの人が思い浮かべるのは、テレビや講演の舞台などで、きこえる人がしている話を手話に訳して表現している人だと思います。これを「聞き取り通訳」と呼び、きこえない人に向けた、音声言語から手話への通訳です。

一方、きこえない人が手話で表現した思いや言葉を音声日本語できこえる人に伝えるのは「読み取り通訳」と呼ばれます。きこえない人たちは、言葉が違うから、あるいはきこえないからと、発言する機会を奪われてきた歴史があります。発言する機会や権利を保障することも手話通訳者の重要な役割とされています。

実は、手話通訳の役割、機能、理念など、そもそも「手話通訳とは何か」をめぐっては、さまざまな考え方があります。それを理論化する試みの「手話通訳論」もこれまでに、きこえる人からも、きこえない人からも発表されてきました。どんな手話通訳がよいのか、長く模索が続いています。よい手話通訳といっても、時代によって、立場や状況によっても変わります。誰にとって、何にとってよいのかも解釈によって変わり、基準がありません。手話通訳はきこえない人のためだと、単純に言い切れないのです。それは、手話通訳の対象の半分が、読み取り通訳によって伝えるきこえる人たちだからです。

それゆえ本書では、手話通訳の善し悪しではなく、どんな人がいて、どんな活動をしているのか、あるいはしてきたのかにスポットをあてています。

これから、手話通訳の始まり、手話を学ぶ人たちのこと、これまでに発表されてきた「手話通訳論」とその背景、手話通訳の制度などについて、少しずつ詳しく述べていきたいと思います。まず、手話はどんな言葉か、そして、手話通訳の対象の半分である、きこえない人とはどういう人なのかについて、きこえる立場から考えていきます。

第1章 手話という言語

1 言語としての手話

手話通訳者に焦点をあてるには、その前提として、手話とはどんな言語なのかを明らかにする必要があります。現在では手話の言語学研究が進められていますが、言語として扱われていなかった時代がありました（この章で後述します。30頁参照）。この歴史は、きこえない人や手話通訳が扱われてきた歴史と分けて考えることができません。

❶ 手話はひとつの言語

手話についてはまず、きこえない人の当事者団体である一般財団法人全日本ろうあ連盟（以下「全日本ろうあ連盟」）の見解があります。

「手話言語は、手の形、位置、動きをもとに、表情も活用する独自の文法体系をもった、音声言語である日本語と対等な一つの言語であり、手話は手話言語等の言語を表出する手段である」

（「手話言語に関する見解」２０１８年6月19日を抜粋要約、https://www.jfd.or.jp/2018/06/19/pid17838、２０２５年2月25日閲覧）

また、手話の特徴をまとめたものに林智樹（2017）のあげる以下の6点があります。

①主に手話をコミュニケーション手段として使用する聴覚障害者がろう者またはろうあ者と呼ばれる
②標準手話と方言手話：1969年『わたしたちの手話』に始まり、1997年『日本語-手話辞典』、2011年『新 日本語-手話辞典』にまとめられている手話が標準手話といえる。方言手話は、標準手話以外に地域で使われている手話である
③手話の有契性・写像性と恣意性：物の形や動作を表す手話には、有契性、写像性がある。一方、記号・言語と同じく手話には恣意性がある
④手話の二重分節性：手話には音素（動素）・形態素（単語）があり、これを組み合わせることで、無限に文を作ることができる
⑤手話の同時性：手話は二つ以上の意味を同時に表現できる
⑥世界の手話：世界各国で違う手話が使われる。また国と国のつながりが影響する場合もある
（林智樹『必携 手話通訳者・手話通訳士ハンドブック』社会福祉法人全国手話研修センター、2017年）

本書でも、これらの特徴をもつものを手話として捉えています。

❷「きこえない人」と「きこえる人」

本書では先の特徴①にある「ろう者」「ろうあ者」という呼称は使用せず「きこえない人」としています。「主に手話をコミュニケーション手段として使用する」だけでなく、広く手話を使用する人を対象としているからです。

一般に、手話が主たるコミュニケーション手段とされているのは「ろう者」と呼ばれている人たちです。しかし、まったくきこえない人だけが「ろう者」ではありません（きこえない状態については39頁参照）。

たとえば、補聴器をつけていても自身を「ろう者」とする人もいます。補聴器から難聴者と思ってしまいそうですが、聴力に多少頼ることがあっても手話を使い、自分は「ろう」だと自覚している人たちです。

口話（音声日本語）ができるため、きこえる人と音声日本語で話していると「きこえない人」とわかってもらえないとの理由で、電源を入れずに補聴器をつけている人に会ったこともあります。

逆に、きこえない、きこえにくくても、残存聴力をさまざまな機器などで補って音声言語でコミュニケーションをとり、「きこえる人」として社会生活を送っている人もいます。

きこえない人の手話に対する考え方や使用の仕方は、実はさまざまです。音声日本語を活用しながら手話も使う人も、手話使用者には違いありません。そのため本書では、一般に「ろう者」「中途失聴者」「難聴者」と分けて記述されることが多い聴覚障害者を、手話を使う人であれば「きこえない人」と総称しています。

また「きこえないこと」には、自然に音が耳に入る意味の「聞く」と、耳を傾けて意識的に「聴く」の両方が困難であることを含むため、ひらがなで「きこえない人」としています。

聴覚障害は外から見てわかるものではなく、個人的な交流のなかで徐々に理解していくしかありません。きこえる度合いも、きこえるかきこえないかだけではありません。たとえば、音があることはわかっても声や言葉として認識できない人もいれば、補聴器を装用すれば対面での音声会話はほぼ可能という人もいます。それぞれのきこえ方の状態は、周囲の人には、正確にはわからないのです。きこえない人自身も、何がきこえて、何がきこえないのか、きこえていない音の存在を認識するには、周囲の人の反応から判断するしかありません。

そして、一般に「ろう者」に対応して「聴者」という言葉が使われていますが、本書では「きこえない人」に対応する言葉として「きこえる人」を使用しています。

❸「言語」を強調する意味

日本語について、わざわざ「日本語は言語です」と強調することはほとんどありません。それに対して手話を「言語」と強調するのは、手話には言語として認められてこなかった歴史があるからです。

手話は現在でこそ社会的に認知されるようになってきましたが、長く身振りと同等に扱われていました。街中では奇異な目で見られるなど、使用がはばかられました。きこえない人たちが自分たちの言葉として日常会話で使っていた手話の使用が、学校では許されませんでした。

近年では、「手話はカッコいい」など羨望されることもあり、手話に対する社会の見方は大きく変化しました。きこえない人が登場するテレビドラマなどの影響もあるのでしょうが、法的にも変化しています。

国際的な変化は、２００６年12月の国際連合総会で採択された「障害者の権利に関する条約」（以下「障害者権利条約」）で、「手話は言語である」と示されたことです。同条約第2条に『「言語」とは、音声言語及び手話その他の形態の非音声言語をいう』と初めて明記されました。

日本では、２０１１年の改正「障害者基本法」の第3条で「全て障害者は、可能な限り、言語（手話を含む。）その他の意思疎通のための手段についての選択の機会が確保されるとともに、情報の取得又は利用のための手段についての選択の機会の拡大が図られること」とされ、初めて手話が含まれました。

２０１３年には、「障害を理由とする差別の解消の推進に関する法律」（以下「障害者差別解消法」）が成立し、障害者への合理的配慮が求められるようになりました。合理的配慮は、国や地方自治体など行政に対しては義務、民間企業に対しては努力義務でしたが、２０２４年4月より民間企業でも義務となっています。

きこえない人への合理的配慮として、手話通訳や要約筆記の配置、筆談、字幕等の文字情報を提供し、社会生活上のコミュニケーションを円滑にすることなどが、障害者差別解消法のリーフレットに掲載されています。手話通訳等の配慮がないことは、差別であるとされたのです。法律の上でも手話が認知され、かつその具体化方向が提案されるようになりました。

障害者権利条約や障害者基本法で手話が言語と認められることは、手話を使用するきこえない人にとって重要な意味があります。手話の使用が公的に認められ、妨げられることなく権利保障としての合理的配慮を論拠に手話通訳を求めることができるようになったからです。

きこえない人に対しては、「おし」「つんぼ」と現在では差別用語として禁止された言葉が使われ、教育の場での手話の禁止や、街中での手話の使用に市民から苦情が寄せられるような、差別的状況が続いてきた歴史的経緯があります。これはきこえない人にとって、手話を、言葉を自由に使えない言語権の侵害であり、音声をきけないために、音声や音声言語で提供されている情報を得られないという「知る権利」の侵害をも意味します。これが、法整備によって大きく変化したのです。

これらの法的な体制の転換を具体化するために、全日本ろうあ連盟では、2013年から手話言語法の制定をめざした運動を続けています。それに先立って、手話言語条例が多くの自治体で制定されています。

そして、2018年には、全日本ろうあ連盟が「手話言語に関する見解」を公表し、「日本語と対等な一つの言語」としたのです。

手話が言語であることの意味は、次の5つの権利を保障することであると提案されています。

①手話言語を獲得する（手話を獲得、習得するための環境の保障）
②手話言語を学ぶ（教育の場、授業で国語と同様に手話を学ぶ）

③手話言語で学ぶ（手話で教育を行う、あるいは手話通訳を配置して教育を行う）
④手話言語を使う（手話が使える場の確保と手話通訳の保障）
⑤手話言語を守る（手話の普及、保存、研究）

これらの権利を主張する必要があるのは、裏を返せば、これらが守られてこなかったからです。日本語の教育には国語の科目がありますが、手話はそのようなものはありません。教育現場での習得ではなく、手話を使うきこえない人の集団で育まれてきました。

なお、全日本ろうあ連盟編集『手話言語白書　多様な言語の共生社会をめざして』（明石書店、２０１９年）によれば、「手話」と「手話言語」を使い分けし、音声言語の音声に相当するところは「手話」と、音声言語の意味するところは「手話言語」を使用する、としています。

2 手話という言葉の始まり

❶ 日本の手話の始まり

手話が使われ始めたのは、明治期にろう学校が設立されるようになってからだといわれています。それまでにもきこえない人はいましたが、きこえない人の集団がなかったため、きこえない人同士の会話を手話で行って発展する素地がなかったのです。おそらくは、家族や身近な人との間で、簡単な身振りでコミュニケーションをとっていたと考えられています。

言葉は、2人以上の集団のコミュニケーションや意思疎通のために生まれ、共通の言葉が発展していくものです。きこえない人の集団の場は、ろう学校が初めてだったと考えられます。

日本初のろう学校は、京都盲唖院です。1878年に古河《ふるかわ》太《た》四郎《しろう》によって設立されました。古河は上京第十九区（現在の京都市上京区内）の学校（1997年に閉校した待賢《たいけん》小学校）の教員でしたが、同区長の熊谷伝三（伝兵衛とも）から町内のきこえない姉弟の教育を依頼され、1875年頃、同校内に瘖唖《いんあ》教場を設けています。それが京都盲唖院の前身となりました。

裕福な個人が設立した盲唖院でしたが、財政上の問題から継続が困難になり、翌年には京都府立となっています。盲唖院という名称からわかるように、見えない人ときこえない人がともに学ぶ学校でした。1925年に分離独立して、聾唖学校となりました。

古河は手勢法を開発し、手話と筆談で教育を行っていました。手勢法は、手の動きで五〇音を表したものと、日本語の単語を手の動きで表したものです。日本語で思考ができるようになるために、手話を使って言語教育を行うというものでした。現在使われている手話とは異なりますが、それでも、手の動きで日本語を表すことが可能になり、のちに現在の手話へと発展する上で影響を与えました。

現在も日本語の五〇音を表す「指文字」がありますが（古河ではなく、のちに大曽根源助というろう学校教員が考案したもの）、手話はあくまで日本語を表すもので、指文字だけを取り上げて手話とは呼べません。ただ、日本で使われる手話は日本語の影響を大きく受けるため、手話単語が未成立の新しい言葉や、固有名詞を表現するために指文字が使われています。手話と組み合わせることで、多くの表現が可能になります。

あるとき筆者は、ある高齢のきこえない人から次のように指摘されました。

「指文字は手話ではないのだよ」

その人は、自身がろうであることを誇りとする人でした。当初は指摘の理由がわかりませんでした。手話通訳の勉強中で、ちょっとしたなりゆきで手話通訳を頼まれたのです。必死で知っている手話表現を駆使し、固有名詞はメモに書いて通訳をしました。

「わかったよ、これからもがんばって」

伝わったかどうか不安でしたが、その励ましがうれしかったのを覚えています。

その人は指文字に理解があります。知らないわけではありません。手話表現がわからないときに筆者が指文字を使いがちなことを見抜いての指摘だったとは、あとで気づきました。

きこえない人にも、指文字をよく使う人はいます。比較的若い人に多い印象がありますが、一概にはいえません。手話に対する考え方や手話表現は、本当に多様です。

ただ、手話表現がわからないからといって指文字に頼るのはよくないと気づけた経験でした。この人には、その後もたびたび手話表現を教わりました。ほかのきこえない人や手話通訳の先輩から怒られたときなどに泣きついたこともありました。

「手話が下手だと言われました」

「ぼちぼちでいいんだよ」

慰めてもらって、またがんばろうと思えました。

厳しい人にきつく言われるのはつらいことですが、正しい手話表現を教えたいという気持ちの強さも感じます。もちろんやさしい人もいて、ほめてもらうこともありました。「きこえない人に育ててもらった」と思える経験があることが、筆者の今につながっていると感じています。

「そうではなくこう表現するのだ」

きこえない人のこうした指摘はその時点で、間違った手話表現にもかかわらず、話の内容を正しく理解していることを意味します。きこえない人の理解力に驚嘆するのはそんなときです。

●手話を運んだ人たち

手話は、きこえない人がろう学校というコミュニティのなかで育んだ手話を中心に、教育法としての手話も取り入れながら発展していったと考えられます。ろう学校や地域ごとの手話を残しながら全国に広がっていきました。

手話は「見る言葉」ですから、音声日本語の標準語のように口コミやラジオを通じて広まるようなことはありません。それでも、明治期に手話がきこえない人の集団のなかで急速に広がった理由には、当時の日本聾唖協会（全日本ろうあ連盟の前身）の指導者の存在が大きかったのではないか、と伊東雋祐《しゅんすけ》（『動くことば　みることば』文理閣、1991年）は述べています。

指導者らは、きこえない人々に手話で呼びかけながら、全国的な組織活動を広げました。地域のきこえない人たちと語り合う過程で、そこに新しい手話が盛り込まれていきました。これが手話の普及と伝播に大きく寄与しました。
ひとつのろう学校のなかだけでは、そこでしか通用しない手話になってしまう恐れがあります。音声言語でいう方言のような地域ごとの手話はあるにしても、全国的にある程度通じる手話が普及しないことには、言語としての統一性に欠けるものになってしまいます。伊東はこの日本聾唖協会の指導者たちを、「手話を運んだ人たち」と表現しました。

❷ 口話法教育で禁じられた手話

ところが、1880年に行われた第2回国際ろうあ教育会議（ミラノ会議）で口話法による教育が推奨されました。これに日本も影響を受け、各地のろう学校で口話法が導入されるようになり、ほとんどのろう学校が口話法に切り替えていきました。ろう学校で手話が使われなくなったのです。

なぜ、日本で口話法が奨励されたのか。1933年に開催された全国盲唖学校校長会において、当時の鳩山一郎文部大臣の訓話で強調されたことがあります。

「聾児ニアリマシテハ、日本人タル以上、我ガ国語ヲデキルダケ完全ニ語リ、他人ノ言語ヲ理解シ、言語ニ依ッテノ国民生活ヲ営マンタルコトガ必要デアリマシテ、聾児ノ言語教育ニ依ル国語力ノ養成ハ国民思想ヲ涵養スル所以デアリマシテ、国民教育ノ根本方針ニ合致スルモノト言ハナケレバナリマセン。全国各聾学校ニ於テハ、聾児ノ口話教育ニ奮励努力シ、研鑽工夫ヲ重ネ、其ノ実績ヲ挙ゲルニ一層努力セラレンコトヲ望ミマス」

（伊東雋祐『ろうあ者問題とろうあ運動』全日本ろうあ連盟、1972年）

この訓話の意味するところは、「日本語をできるだけ完全に語り」「他人の言語を理解し」「言語による国語力の養成は国民思想を涵養《かんよう》する」ということです。当時、戦争に向かいつつあった日本の国民思想をきこえない人たちに教え、根づかせるためには、口話法が有効とされました。

これにより、全国の学校が口話法を採用するようになっていきました。そのなかで、手話法での教育を堅持しようとしたのが、大阪市立聾唖学校の教師の高橋潔、大曽根源助、藤井東洋男たちでした。同校では「口話に適する者は口話法で、手話に適する者は手話法で」という「ORA（Osaka Ro A）システム」による教育が行われていました。

多くのろう学校で口話法による教育が普及しても、手話はきこえない人の間で使われ続けました。手話を手放すことはなかったのです。それは、きこえない人にとっての自然な会話手段が手話であったことが一番で、手話が実質的に禁止されるより前に、ある程度手話が広まっていたことも理由としてあげられるでしょう。

伊東は、手話の成立条件として、「①ろうあ者集団が形成されること、②自然的身振りから暗喩的身振りへ、つまり、概念化、象徴化の過程を経た動作単位が広汎に再生産されること、①②は高度に組織化、体系化されなければならないが、そのためには音声語との交換性が重要な役割をもつ。聴覚障害児教育における言語教育の占める役割が大きい」としています（伊東雋祐『ろうあ者問題とろうあ運動』全日本ろうあ連盟、1972年）。

口話法による教育に移行する前に手話が教育で使われたことも、手話の広がりの要因のひとつとなったと考えられます。

❸ 使われ続けた手話

口話法による教育が主流となり、ろう学校で「手話の禁止」の状況は長く続きました。具体的な禁止状況は、学校に通った年代や地域によっても違うようです。

全日本ろうあ連盟元理事長の高田英一は、ろう学校の小学部では手話を使うと叱られたが、中学部になると授業は口話だったものの、日常会話で手話を使うことは黙認されていた、と述懐しています（高田英一『ろう者たち　権利を求めて』全日本ろうあ連盟、2019年）。

筆者がきこえない人に尋ねた範囲では「授業では口話だったが、休み時間や放課後は手話で話していた」という人もいれば、「手話を使っているのが先生に見つかると手を叩かれた」という人もいました。「ろう学校の寄宿舎で先輩の使っている手話を見て覚えた」

これは複数の人が話していました。ろう学校の多くは各都道府県に1か所が基本で、自宅から通学するのが難しいため、寄宿舎が併設されていました。ろう学校によっても禁止の度合いは違っていたようですが、学校では手話が使えなかったので寄宿舎で覚えた、ということのようです。

ある年配の女性は「（休み時間などに）手話も使っていたけれど、通信簿に口話が上手だと書いてあった」と話していました。このように、学校の授業で手話を学んだのではなく、きこえない人の集団のなかで習得していったということです。

見つかったら怒られるかも、とおびえながら手話を覚えて使い、学校では先生の口の動きを読み取りながら授業を受けていたという状況は、かなり不合理といえます。しかし当時の教育では、きこえる人が主流の社会できこえない人が生きていくには、きこえる人と同じように話せることが重要とされていました。

❹ ろう学校生徒の要求と「3・3声明」

そんななか、「それはおかしい」ときこえない人から意思表示をした出来事がありました。

1965年、京都府立ろう学校で、高等部の生徒が学校行事の写生会を拒否して生徒集会を開き、自分たちの立場を表明するビラを全職員と生徒に配布したのです。

きっかけはプール掃除に関わる連絡の行き違いでしたが、生徒たちは、教師の度重なる横柄な態度や言動に立腹し、話し合いを申し入れても繰り返し放置されたことから、授業拒否に踏み切ったとされています。このときに配布されたビラは、授業を拒否した理由、これまでの経過が書かれ、教師との話し合いを求める内容でした。

資料からは、教師の多くは手話ができず、そのため生徒とのコミュニケーションがとれず、もっぱら尊大な態度だったことが読み取れます。

続いて生徒らが全校に配布した2回目のビラは、校長が朝礼で、特に高等部の生徒に「手まねが多すぎる、もっと口で話すように」との訓示を行ったことに対する反論でした。ろう学校生徒の切実な思いが書かれています。この一連の経過は、『授業拒否―3・3声明に関する資料集』(社団法人京都府聴覚障害者協会編、1996年復刻版)にまとめられています。以下、一部を引用します。

「私達が常に人の口をいや応なしに読ませられ、苦しく疲れてしまう」

「何故口話が大切で手話がいけないのか。よく判るように説明してくださらないのですか」

(社団法人京都府聴覚障害者協会、1996)

口話教育の効果が不十分であり、きこえない人にとっては過重な負担となるという口話法の限界が生徒の側から発せられ、その限界線の先に手話がありました。

きこえない人たちにとっては、相手の口元を必死で読み取って、自分にはきこえない自分の声を出すことよりも、手話を会話の手段として使うほうが自然だったのです。

その後の生徒と教師の話し合いでの、きこえない生徒の意見が記録されています。

「手話通訳がないと話し合い自体ができない現状を悲しみます」(同前、1968)

口話法による教育は、少なくとも生徒にとっては成功していなかったのです。

この後も生徒と教師の話し合いがもたれましたが、教師は口話教育に固執し、差別的、逃避的な態度を変えることはありませんでした。

校長が「口話教育の必要なわけ」を述べています。

「現在の日本のろう教育は、生徒が学校を卒業して社会に出た場合、健聴者の社会に最もよく適応できるように準備することが一つの大きな目的である。この社会適応には、一般社会との、なるべくスムーズなコミュニケーションが必要であり、読話、発話を中心とする、いわゆる口話は、この手段としては最も有効適切である」

「生徒諸子は、卒業後は、概ね種々の職業について自立せねばならぬ。その場合に口話が出来ることは最も有利である」

「手話が高等部を、更に学校全体を覆うことは、決して日本聾教育の正道ではないこと、そして、同時に本校のとるべき道ではない」

（同前、１９９６）

生徒会は地元の社団法人京都府ろうあ協会（当時。以下「京都府ろうあ協会」）にも訴え、京都府ろうあ協会と学校の間でも話し合いがもたれましたが結実しませんでした。それを受けて、京都府ろうあ協会と京都府立ろう学校同窓会の連名で出されたのが３・３声明（さんさんせいめい）です。１９６６年の耳の日（「みみ」にちなんで3月3日とされている）に宣言されたため、３・３声明といわれています。

声明では、５つの項目があげられています。

①どうしてこういう事件がおこったか
②われわれろうあ者の抗議「これは差別である」
③われわれは何故これをろうあ者に対する差別ととらえたか
④差別について、それをどのようにとらえるか
⑤差別問題の正しい解決のために

さらに差別は、差別されたものが強く意識しても、差別したものは無意識もしくは「ほんの軽い気持ち」程度の認識しかないのが普通であること、身体障害者に対する差別には「能力が欠けている」「きこえない」「見えない」ということがついてまわるために人格否定があるにもかかわらずはっきり社会的差別として取り上げにくいこと、「差別されていないか」ということに社会的な関心が払われていないことを物語るものであり、このこと自体が差別である（以上、同声明を要約）、との言及がなされています。

この声明の後、当時の京都府ろうあ協会からの提案で学校側と同意の上、ろうあ者差別問題研究会が9回にわたって開催されています。ろう学校の生徒と教師の話し合い時と同様に、ここでも手話通訳がついたことが記録に残っています。そして、こういう研究会に手話通訳がつかなければならないこと自体が問題視され、ろう学校の教師は手話ができるべきだと提案されています。

この出来事は、教師と生徒が手話でコミュニケーションをとれていないこと、そのため信頼関係が

築けていないことを明らかにしました。また、手話での会話、手話での教育の必要性を、きこえない人自身が自覚した出来事でした。

教師「日本語がまともにできないくせに」

生徒「国語を教えているのは教師だろうに」

記録された研究会でのろう学校教師の発言には、生徒の日本語力だけではなく、人として侮蔑しているようなニュアンスが感じられます。生徒の反応は当然といえるでしょう。研究会では、きこえない人の側からは「口話法ではわからない」としながらも、授業を全面的に手話で行ってほしいという要求は出ていません。

長く口話法による教育を受け入れてきたことで、それがきこえない人のなかでも当たり前だったことがうかがえます。教師たちとは手話でコミュニケーションができない上、きこえない生徒たちに対して横柄な態度だったため、その改善を求めることが先立っていたようです。

❺ ろう学校での手話ときこえない人が受けた教育の経験

きこえない人にとって手話は大切な言葉ですが、それを守っていくには多くの困難がありました。教育の現場では、一般社会でコミュニケーションをスムーズにするためには口話が必要だとする考え方がこのあとも続いていくことになります。

きこえない人のなかには口話、つまり音声日本語にすぐれ、きこえない人だとすぐにはわからない人もいます。きこえない人同士で話すときは手話、きこえる人と話すときには声を使う人もいます。一方で「昔は声を出していたけれど、変だと笑われた経験があるから声を出すのをやめた、自分は手話だけだ」という人もいます。音声日本語の習得状況は個人差が大きく、使用するかどうかも人それぞれなのです。

また、きこえない人のすべてがろう学校に通っていたわけではありません。さまざまな理由でろう学校には通わず、一般の学校に通った人もいます。きこえにくいけれど、補聴器や人工内耳、残存聴力を活用して、音声日本語だけで生活している人もいます。一般の学校内にある難聴学級に通った人もいます。小学校は一般の学校だったけれど、中学校からはろう学校に通った、という人もいます。きこえない人が受けた教育の経験は多様です。

どんな教育を受けたかは、手話や口話の習得状況と使用の有無に大きく影響します。一般の学校に通った場合、手話を知らずに育ち、学び始めるのが大学の手話サークルだったという人もいます。

筆者が一般の学校に通っていたきこえない人たちに尋ねたところ、次のような回答がありました。

「(大学で)手話があることを知って、こんなに自由に自分を表現できるのだとびっくりした」

「子どもの頃は周りにきこえない人がいなくて、きこえない自分は、大人になるまでに死ぬのだと思っていた」

きこえない人イコール手話を使う人だと考えている人にとっては、驚く発言です。口話ができても、きこえなくて、きこえにくくて大変な思いをしてきたのでしょう。どの時点で手話を習得したとしても、きこえない人にとって、手話がとても大切なものだということがわかります。

旧文部省が『聴覚障害教育の手引―多様なコミュニケーション手段とそれを活用した指導』という冊子を発行し、そのなかで部分的にですが、初めて手話の必要性を認めたのは1995年のことで、60年以上にわたって口話法優位の教育が行われたことになります。

それは、きこえない人たちでさえ手話を習得する機会が限られていたことを示しています。

そのようななかで、きこえる人で手話を学ぼうとするのは、理解のある一部のろう学校教師か、一部の家族に限られていたことは、当然といえます。この一部のろう学校教師や家族が、最初の手話通訳者となっていきます。

3 きこえないこととはどういう状態か

❶ 実は深い「きこえない」の状態のさまざま

きこえ方は、「きこえる」か「きこえないか」だけではありません。きこえにくい、音が歪んできこえる、音は認識できるが会話としてはききとれない、ある音はきこえるがある音はきこえないなど、さまざまな状態があります。

日本で身体障害者手帳を「聴覚・言語障害」で取得している人は約38万人です（厚生労働省社会・援護局障害保健福祉部「令和4年生活のしづらさなどに関する調査〈全国在宅障害児・者等実態調査〉結果」2024年）。手帳は取得していなくても、きこえなくて困っている人はさらに多いと考えられます。それにもかかわらず「きこえない人」に出会う機会は少ないと感じる人が多いのではないでしょうか。それは、主として聴覚障害が外見ではわからないからでしょう。少し話したくらいでは、きこえないことに気づかないのかもしれません。また、高齢になってだんだんと耳が遠くなるのも聴覚障害ですが、たとえば自身の祖父母がそうなっていったとして、聴覚障害だと認識することも少ないのではないでしょうか。

聴力の検査には、音の大きさで測るものや、音の高低で測るものなどいくつかありますが、ここでは、身体障害者障害程度等級表で用いられている音の大きさについてみていきます。

●難聴とその分類

音の大きさは、デシベルという単位で示されます。正常聴力の人がきこえる最も小さい音を0デシベル（基準）として、通常の会話が60デシベル、電車が通るときのガード下の音が100デシベルとされています。身体障害者障害程度等級表によれば、100デシベルがきこえなければ重度難聴（ろう）で、2級です。2級で言語障害も伴う場合は1級となり、障害等級によって受けられる福祉サービスが異なります。3級、4級、6級が高度難聴とされ、程度によって等級も分かれています。なお、同等級表の5級に該当する聴覚障害の項目はありません（等級表参照）。

難聴は、きこえにくい状態です。音が小さくきこえるだけではなく、音が歪んできこえるとも表現されます。外耳、中耳に何らかの障害があるためにきこえにくくなっている状態を伝音難聴、内耳に何らかの障害があるためにきこえにくくなっている状態を感音難聴、伝音難聴と感音難聴が混合している場合は混合難聴、とそれぞれいわれます。

耳には、音の振動を脳で感じるための電気信号に変換する機能があります。音から生じた鼓膜の振動は鼓膜の奥の小さな骨（耳小骨）を伝って内耳に到達します。この内耳で振動が電気信号に変換され、聴神経を通って脳に伝わると、音として認識されます。これらの過程が障害されると難聴になります。

伝音難聴は、何らかの原因で音が外耳・

身体障害者障害程度等級表（抜粋）

デシベル（dB）	程度区分	両耳	聴覚障害
70	高度難聴	6級	1 両耳の聴力レベルが70デシベル以上のもの（40センチメートル以上の距離で発声された会話語を理解し得ないもの） 2 一側耳の聴力レベルが90デシベル以上、他側耳の聴力レベルが50デシベル以上のもの
80	高度難聴	4級	1 両耳の聴力レベルが80デシベル以上のもの（耳介に接しなければ話声語を理解し得ないもの） 2 両耳による普通話声の最良の語音明瞭度が50パーセント以下のもの
90	高度難聴	3級	両耳の聴力レベルが90デシベル以上のもの（耳介に接しなければ大声語を理解し得ないもの）
100	重度難聴（ろう）	2級	両耳の聴力レベルがそれぞれ100デシベル以上のもの（両耳全ろう）

注：等級表は視覚障害、肢体不自由など他の障害種別とともに規定されているが、5級に該当する欄に聴覚障害の記載はない。

出典 ：「身体障害者福祉法施行規則別表第5号」より聴覚障害の部分を引用作成 https://www.mhlw.go.jp/bunya/shougaihoken/shougaishatechou/dl/toukyu.pdf（2025年2月25日閲覧）

中耳を通って内耳に到達できなくなるために起こり、耳をふさいだときのようなきこえ方がするといわれています。原因はさまざまですが、中耳の感染症（中耳炎）などがあります。あまり騒がしくない場所で大きな声で話しかけられれば、比較的内容をききとりやすいのが特徴です。補聴器の装用が効果的だといわれていますが、個人差があります。

感音難聴は、内耳（蝸牛《かぎゅう》）または聴神経の障害によるものです。先天性の場合は新生児に多く見られ、出生時から難聴が生じています。主な原因は、遺伝または胎児期の発達異常とされています。ワクチンが開発されるまでは、妊娠中に母親がかかる風疹が先天性難聴の最も一般的な原因でした。

出生後に発症する後天性の感音難聴は、外傷、加齢、過度の騒音、メニエール病、髄膜炎など、さまざまな原因が考えられます。

特定の薬剤が原因で難聴になる場合もあります。聴覚機能に影響を与えると予想されても、生命を脅かす症状を治療するために、薬剤が投与されることがあります。また、聴神経にできた腫瘍も、難聴の原因となり得ます。

混合難聴には、伝音難聴と感音難聴の両方の症状が見られます。外耳または中耳、および内耳の両方に損傷がある難聴です。先天性欠損症、疾病、感染、腫瘍や腫瘤、および頭部外傷などはすべて、伝音難聴および感音難聴の双方の原因となり得ます。

近年注目されているものに、突発性難聴があります。片耳（まれに両耳）が突然きこえにくくなる病気で、感音難聴の一種です。この症状が出る人の年齢層は幅広く、特に40代から60代に多く見られます。

音を感じ取って脳に伝える役割をする有毛細胞が何らかの原因で傷つくことにより、片耳または両耳が突然きこえなくなるとされています。その原因として、内耳の血行不良やウイルス感染などが有力視されていますが、詳しいことははっきりしていません。ストレス、過労、睡眠不足などがあると起こりやすいといわれています。

●きこえ方は個人差が大きい

医学的判断はあっても、実際にきこえる度合いやきこえ方には、相当な個人差があります。どんな音や声なら伝わるのでしょうか。きこえる人にとってそれは、それぞれの人に出会って、関わってみないとわかりません。

また、中途失聴は人生の途上できこえなくなった、あるいはきこえにくくなった場合をさしています。難聴や中途失聴の団体では、自分の声で話すことはできても、相手の話がききとれないことに苦しみがある、としています。手話を使う人、補聴器などを使って残存聴力を活用している人、音声言語のみを使って生活している人もいます。手話と音声、口の動きを見て相手の話を理解するなど、複数の方法を組み合わせてコミュニケーションをとっている人もいます。

❷きこえ方の多様性（音なのか声なのか）

ところで、「音がきこえる」状態であれば、問題がないのでしょうか。難聴では音が歪んできこえるとも表現されますが、日常のコミュニケーションでは、「何の音」なのか、特に、人の声がきこえて、話している内容がわかることが重要になります。

「誰の声なのか」「何を言っているのか」がわかることは、日常会話やさまざまな情報を得る上で重要です。きこえない人の場合、「きこえない」ことの内実に「音が歪んでいる」「ある音がききとりにくい」などがあると、音があるのはわかっても、何を言っているのかは認識できません。

たとえば、列車が急に止まり「事故で緊急停止しました」などのアナウンスがあっても、何か言っているとわかるのに内容がききとれないことがあります。きこえる人なら、周りがザワザワしてきこえにくくても、繰り返しのアナウンスを何度かきいているうちにわかるのではないでしょうか。きこえない人は「何だろう？」という状態がずっと続くことになります。近年では車内の案内表示器に文字で表示されることも増えましたが、音声アナウンスだけの場合もまだまだ多いのが現状です。

対面で一対一の会話をするときは、表情や口の動きを見られるので、音声がききとりにくくても、相手が何を話しているのかはある程度推測できます。しかし会議などで、同時に複数の人が話したり、あちこちで個別に会話が交わされたりしていると、ききとれる音が限られ、いつ、誰が話しているのかがわかりません。誰が話しているのかがわからないと、話し手の顔を見ることができず、表情や口の動きから推測することもできません。

どのようなきこえ方（きこえにくさ）になっているのかという音と声の認知状況は、実は個人差だけでなく、周囲の環境による違いに大きく影響されます。これは、検査で数値として表れるものではなく、一人ひとりと関わってみて、これなら伝わる、伝わらないと知っていくしかないのです。

筆者にも、きこえない人たちは次のように話していました。

「補聴器は音がわかるためにつけているだけ。声というか、話している内容はわからない。口の動きや手話がないとわからない」（40代男性）

「補聴器をつけていると、救急車の音とか、何かアナウンス放送があるということはわかる。それで危険かどうかを判断している」（50代女性）

「女性の比較的高い声ならある程度きこえるので内容がわかるが、男性の低い声はききとれない」（50代男性）

同じ等級の身体障害者手帳を持っている人でも、人によってきこえ方は違うようです。まったくきこえない人でも、振動や気配で気づくこともあり、傍から見れば「きこえたのかな」と思ってしまうこともあります。

また、その時々の体調や話の内容によっても、きこえ方は変化します。周囲の音が騒がしいと、よりきこえにくくなり、込み入った話をボソボソと話されると、ききとるのは難しくなります。はっきりとはきこえていないけれど、口の動きや話の流れから「こんな話をしているのだろう」と推測していて、うまく対応できていることもあるでしょう。音の大きさだけの問題ではないのです。

❸ きこえない人の多様性

医学的区分で「難聴」とされる人、自ら「難聴」とする人のきこえ方や暮らしてきた環境は本当に多様です。手話を使うか使わないか、声を使うか使わないかという単純なものではなく、話す相手や状況によって方法を使い分けている人もいます。

これも筆者がきこえない人にきこえ方について尋ねたものです。

「普通学校で小・中・高と過ごしたが、きこえないことは隠していた。わからないことでもわかったふりをすることが多かった。勉強は独学。友人と話すときは、一対一の会話なら問題ないが、集団で話すときはききとれない。なんとなくうなずいて周りに合わせていた。どちらかというと右耳のほうがきこえるので、音のするほうへ右耳を向けることが癖になっている。補聴器で音を増幅させれば電話で会話ができるので、きこえると誤解されやすい。大学生のときに難聴者の集まりに参加し、手話で楽しそうに会話しているのを見て、自分も覚えたいと思い、手話サークルに通って手話を覚えた」（Nさん）

「小学校は普通の学校に通ったが、中学入学時には、きこえないことを理由に入学を拒否され、ろう学校の中等部に入学した。ろう学校では手話が禁止されていたが、学校の友達とは手話で話していた。両親がきこえないので家では手話。きこえる人と話すときは声で話す。声がおかしくて直されるときもあるが、顔を見ていれば簡単な会話はできる。手話ができない人と話すときは、口の動きが見えないとまったくわからない。手話ができる人との会話では、口の動きもあわせてみれば内容はわかる」(Aさん)

2人は両耳に補聴器をつけ、身体障害者手帳はNさんが4級、Aさんは2級です。Nさんはアクセントが少し違うと感じることがある程度で、Aさんは発音の不明瞭さがあるものの、言葉としてはほとんど問題なくききとれます。

発する話し声の状態はよく似ていますが、受けてきた教育や家庭環境の違いによって、話を理解する度合いや、コミュニケーション手段の使い分けも異なっています。

きこえない、あるいはきこえにくい人は、日本に600万人〜800万人いるといわれています(特定非営利活動法人大阪府中途失聴・難聴者協会ホームページ、https://osakafunancho.com/about-cyuto/、2025年2月25日閲覧)。きこえない人は手話を使用していると思われがちですが、手話を主たるコミュニケーション手段としている人は2割に満たないといわれています。高齢になって、だんだんと耳が遠くなったときに、聴覚障害だと意識することはあまりないでしょうし、高齢になってから手話を覚えるのは難しいでしょう。

手話以外のコミュニケーション手段としては、補聴器や人工内耳を装用して残存聴力をいかす方法や、筆談、要約筆記などがあります。日本語を習得している人にとっては、文字を使ったコミュニケーションが有効です。

手話を主なコミュニケーション手段としている人も、ひとつの手段を使うわけではなく、相手が手話のできない人であれば、筆談を使うこともあります。自分の声で話せるけれども、手話もあわせて使い、より理解しやすいようにする人もいます。

中途失聴や難聴といわれる人の場合、きこえていたものがきこえなくなったという「喪失のイメージ」が大きいため、きこえないという現実を受け入れにくく、隠してしまう傾向があるといわれています(前掲ホームページ)。この「喪失のイメージ」の大小は個人的なもので、客観的に測れるものではありません。

逆に、先天的にきこえない人は、「喪失のイメージ」をもちようがありません。きこえる人の様子を見て、自分はきこえないのだと気づくことはあるでしょうが、喪失とは異なります。

また、きこえなくなった、あるいはきこえにくくなった時期によっても、大きな違いがあります。幼少期にきこえなくなった場合、ろう学校の経験があり「自分はろうである」と自覚して社会生活を送っている人もいますが、成人後にきこえなくなった場合は、自分は中途失聴だと考えていることが多いでしょう。

生まれつききこえない場合、ろう学校のコミュニティのなかで育った人であれば「自分はろうだ」との誇りがあるでしょう。きこえないことで差別を受けるなど、つらい経験をした人であれば、きこえないことを恥じているかもしれません。きこえないことに対する受け止め方は、年齢や経験によっても異なります。

きこえる人から見れば、「手話を使っているからろう者だろう」「補聴器をつけているから難聴者だろう」と判断してしまいがちです。しかし、そうではないのです。きこえないことに対する受け止め方や望むコミュニケーション手段は、それぞれの人によってさまざまなのです。きこえる度合いによる医学的な区分はあるとしても、ろう者か、難聴者か、中途失聴者かということは、最終的には本人の選択・判断になるのです。

本書では、きこえない人自身の「私はろうです」「難聴です」「中途失聴です」などの認識を尊重しつつ、手話を使用しているかどうかを着眼点としているため、きこえる度合いにかかわらず、手話を使う人であれば「きこえない人」としています。

4 ろうあ運動と難聴者の社会運動

❶ きこえない人たち自身のふたつの社会運動

障害のある人たちやその周囲の支援者たちは、社会に対してさまざまな改善を求める社会運動をしてきています。たとえば、鉄道の駅にエレベーターが設置されたり、車いすで利用しやすいよう改札機と改札機の間隔が広くなっていたりするのは、車いすを利用している人たちの運動の成果です。その結果、法律が変わったり、新しくつくられたりして、現在の状態になっています。

このような運動は、障害者運動といわれます。そして、障害者運動のなかで、きこえない人たち自身が社会に対して行ってきた運動を、ろうあ運動、あるいはろう運動といいます。

ろうあ運動は、当事者団体である全日本ろうあ連盟が中心的役割を担っています。全日本ろうあ連盟は各都道府県に加盟団体がありますが、その名称は地域によって異なります。いずれもきこえない人の当事者団体には違いないのですが、都道府県名のあとに「ろうあ協会」「ろう者福祉協会」「聴力障害者協会」などの名称があります。

たとえば、京都府聴覚障害者協会の場合、1913年に京都盲唖院の卒業生が集まり「京都聾唖倶楽部」として結成されたのが最初で、これに参加した指導的立場のきこえない人が、日本聾唖協会の結成に参画し、その支部として発展させていきました。1956年に社団法人の認可を受けて社団法人京都府ろうあ協会となり、その後1994年に社団法人京都府聴覚障害者協会に改称しています。

「ろうあ者」「ろうあ」という言い方は、最近ではあまりしなくなりました。「ろうあ」の「唖」は「発声の器官に障害があるために言葉を発することができない」という意味なので、きこえない人にはあてはまらないからです。きこえない人で、自分の意志で声を出さない、言葉を発しないという人はいますが「唖」ではありません。しかし、昔から使ってきたので団体の名前などに一部残っています。「ろうあ」という言葉に愛着や誇りをもっている人もいます。本書では「ろうあ運動」という名称を使用しています。

きこえない人のなかでも、難聴者、中途失聴者の団体として一般社団法人全日本難聴者・中途失聴者団体連合会があります。同連合会は、1972年発足の全国難聴者組織推進準備会を経て1978年に全国難聴者連絡協議会として正式発足した後、1989年に同連合会に名称変更し、1991年に社団法人化しました。全国に48の加盟団体があります（同連合会ホームページ〈https://www.zennancho.or.jp/info/summary/〉、2025年2月25日閲覧）。難聴者・中途失聴者の社会的要求の運動を展開しています。

❷ ろうあ運動の初期

日本聾唖協会は1915年の結成ですが、実質的にろうあ運動として活動するようになるのは第二次世界大戦後、1947年の全日本ろうあ連盟設立以降と考えられます（当初は「全日本聾唖連盟」と表記）。戦前の活動では、きこえない人が全国的につながり、手話を広めていきました（29頁参照）。

1953年に大分県で行われた第4回全国ろうあ者大会では、「聾唖者のための専任福祉司を」というスローガンが掲げられています。これは、1949年の身体障害者福祉法により福祉事務所に身体障害者福祉司が設置されるようになって、身体障害者が相談できる場所ができたのですが、きこえない人にとっては手話が通じず、相談ができなかったためです。

そこで、手話のできる福祉司（相談できる役所の職員）の設置を求めたのですが、実現はしませんでした。しかし、この要求はのちの手話通訳設置事業の実現につながっていきます。

この頃のろうあ運動の成果としては、国鉄（当時）運賃の障害者割引制度に聴覚障害者も含めたことがあげられます。国の構想の段階では、移動するのに介助が必要な肢体障害者と視覚障害者が割引の対象でしたが、働きかけにより聴覚障害者も含めての身体障害者割引制度となりました。

１９５６年には、ろうあ者に対して職業訓練を行う国立施設を要求する「国立ろうあ者更生施設促進実行委員会」が結成され、全日本ろうあ連盟からも実行委員を派遣しました。１９５８年には東京都新宿区に国立ろうあ者更生指導所が開所しています。

これも運動の成果ではあるのですが、旧厚生省があらかじめ設立方針を決め、それを受けて行われたもので、自発的な運動とはいえませんでした。

戦後の混乱期でもある１９４５〜１９５４年は、全日本ろうあ連盟の連盟長個人の陳情が中心で、その後の１９５５〜１９６４年も国からの提案に沿う形での「お願い運動」であったといわれています。

❸ 差別撤廃運動・権利獲得に向けてのろうあ運動

１９６５年〜１９７４年は、法的な面での差別撤廃運動が展開されました。きこえない人が社会で生活する上で被るさまざまな法律、制度上の不利益を解消するための運動です。きこえない人たちが強く要求したのは、手話通訳の保障でした。きっかけのひとつとなったのは、１９６５年からの「蛇の目寿司裁判」でした。

東京の寿司店で話をしていた2人のきこえない人が、ほかの客から手話をからかわれ、馬鹿にされてケンカになり、仲裁に入った寿司店の店主をきこえない人が突き飛ばし、翌日死亡してしまった、というものです。

この裁判では、きこえない被告人には手話通訳がつきましたが、傍聴席を訪れたきこえない人々には、手話通訳をつけることが認められませんでした。傍聴しても、そこでどんな言葉が交わされているか、内容を詳しく知ることができなかったのです。この事件をきっかけに、「知る権利」としての手話通訳保障を求める運動が始まりました。

1966年には、全国ろうあ青年研究討論集会が京都で開催され、差別をテーマとした分科会が設置されました。仕事や暮らしの現状の把握と不満を話し合うことで、何が差別なのかを参加者が自覚していく集会となりました。

これまで、きこえない人はきこえる人と比べて給料が上がらなかったり、きこえる人とのコミュニケーションがうまくできないことで能力が低くみられたりすることを「きこえないから仕方がない」と受け入れてきましたが、きこえない人が集団で話し合うことで「それは差別なのではないか」と考えるようになっていきました。

「足りぬ手話通訳　京で全国ろうあ青年討論会」との、この年の「京都新聞」の記事が残っています。手話通訳が足りず、手話のできる難聴者を通訳にしていたことが記されています。

「現在のろう教育は全て口話法で行われているが、口話だけでは、対話者との距離があれば聞き取りにくいし、また真正面にいる人以外にわからないことが多く、口話にプラスしてさらに正確に意思を伝えるため、手話も使われている。とくに健聴者を呼んで話を聞くさいには、通訳として手話にたんのうな人が欠かせない」

（「京都新聞」1966年11月26日）

記事では、手話通訳の必要性が認識されていました。この頃はまだ手話通訳の制度はなく、京都市手話学習会「みみずく」という手話サークルが奉仕団体（ボランティア）として協力していたと書かれています。

1967年には、運転免許裁判がありました。これは、バイクの無免許運転で略式命令による罰金納付を繰り返していた男性が、罰金納付を拒否し、正式裁判を請求したことが始まりでした。

男性は、運転免許試験を受けても聴力検査で不合格となっていました。補聴器をつければある程度きこえたようですが、当時の試験制度では、補聴器の装用は認められていませんでした。きこえない人は、実質的に運転免許の取得が不可能だったのです。

それでも仕事上、電話での会話はできないため会って商談する必要があり、検挙されるのを承知の上での無免許運転でした。

このときの調書には、次の書面が添付されていました。

①会って商談する必要があること、バイクのように、スピードがあるものでないと仕事上の競争で勝ち残っていけないこと、無免許運転以外で検挙されたことはなく、きこえないからといって運転上危険とはいえないこと
②バイクの使用が許可されないのなら、国が生活を保障すべきだと思うが、そのようなことはないこと
③弱い立場にあるものを法律で苦しめてよいのか

④肢体不自由者の運転免許取得が認められたのを受けて、全日本ろうあ連盟が要望書を出しているのに、具体的な回答がないのはいかがなものか

この裁判は結果的には敗訴となりましたが、最高裁で審理中の1973年、警察庁は通達を出し、聴力検査に補聴器使用を認め、道路交通法88条で運転免許の欠格事由とされている「口のきけない者」「先天的または幼児において聴覚機能を失い、そのため言語機能に障害のある者」「聴力を有するも先天的に発声中枢がおかされているためものを言うことができない者」も警音器の検査で聴力検査に合格し、筆談等で意思疎通ができれば運転免許取得が認められることになりました。

裁判では、きこえない弁護士が道路交通法第88条の欠格事由を障害者の権利を抑圧するものだとし、法律の不平等、差別を告発しました。また、きこえない人の自動車運転の可否、補聴器装用の可否についての科学的な調査により作成された鑑定書が提出されました。きこえない人たちや関係者が街頭に立っての運動や政府への陳情など、全日本ろうあ連盟を中心に組織的な取り組みが行われました。

その後2006年からは、補聴器なしでもワイドミラーをつけて、聴覚障害者マークをつけることを条件に、運転免許証が交付されています。

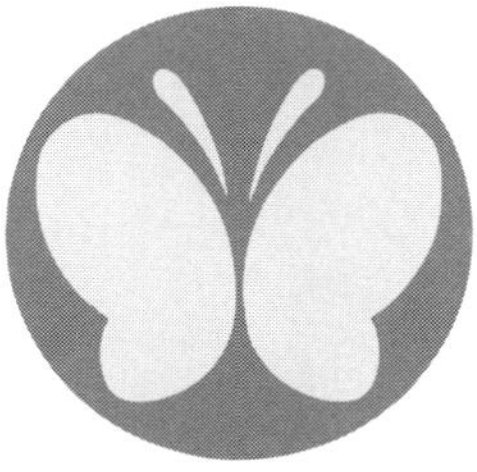

聴覚障害者マーク

聴覚障害であることを理由に免許に条件を付されている人が運転する車に表示するマークです。2008年から使われています。

出典：内閣府ホームページより作成（https://www8.cao.go.jp/shougai/mark/mark.html、2025年2月25日閲覧）

❹ 手話の普及運動と手話通訳の要求運動

ろうあ運動では、手話通訳の要求もされましたが、当時はそもそも手話自体が社会に広まっていません。手話があること、どんな言葉なのかを社会に対して発信し、認知されることが重要でした。

1969年に、イラストと手話単語を掲載した『わたしたちの手話』(全日本ろうあ連盟)が発行されました。ろうあ運動の全国的展開、手話講習会や手話サークルの広がりを受け、全国共通の手話(標準手話)の確立がめざされました。

『わたしたちの手話』以前にも手話辞典のようなものはありましたが、日常語の単語集の役割程度のものでした。『わたしたちの手話』は新書判で、イラストと対応する日本語で構成され、会話編を含めると11巻まであります。

ところが、「これは私たちが使っている手話と違う」「こんな手話知らない」などの批判が地域のきこえない人たちから上がりました(高田英一『手話の森を歩く　言語としての手話　その秘密を探る』全日本ろうあ連盟、2003年)。

編集に関わったきこえない人に関西在住の人が多く、関西で使われている手話が多かったようです。その京都や大阪のきこえない人からも「自分たちが使っている手話と違う」と批判がありました。手話の地域性が非常に細かいことがうかがえます。

そこで全日本ろうあ連盟は、それぞれの地域、地方で使われている手話を優先しつつ、「共通手話」

も広めていくということを方針としました。言語としての統一性、音声日本語でいうところの標準語が必要でした。

手話の普及運動はその後も、手話の認知拡大と手話通訳の必要性を訴え、手話通訳の制度化をめざして展開されました。1985年、一般の人々にも理解を得ようと手話通訳制度化をわかりやすく解説したパンフレット「IアイLOVEラブコミュニケーション―手話通訳制度化のために―」の普及活動が始められました。

このパンフレットは有料で1部200円。これを120万部普及することを目標に、約2年かけてきこえない人や手話サークル会員などが取り組みました。パンフレットには、きこえない人にとって手話が大切な言葉であること、きこえない人の生活上の困難の例が一般の人向けに書かれ、手話通訳の資格化の提案も掲載されていました。

手話通訳の保障に関わったことでは、選挙の政見放送をめぐる取り組みがありました。1986年の参議院議員選挙で東京選挙区にきこえない人が立候補し、手話で政見を述べるため、手話通訳か字幕をつけるよう要望しましたが、選挙管理委員会は認めませんでした。そのためNHKテレビの政見放送では手話で話す映像だけが放映され、TBSラジオでは声のない空白の時間が流れました。これがきっかけとなって、旧自治省選挙部長の諮問機関として「政見放送研究会」が設置されました。

1995年の参議院議員選挙比例区では、政党が手話通訳をつけることを認める形でテレビでの政見放送の手話通訳が実現しています。

実は現在でも、政見放送に手話通訳がつけられるかどうかは、選挙の種類によって異なっています。

しかも実際に手話通訳や字幕をつけるかどうかは、立候補する政党の判断となっています。

この時期のろうあ運動では、手話通訳を行政機関などに設置することや、手話を社会に普及することが目標でした。そのため、手話を広めることに加え、「手話がなぜ必要か」「手話通訳がなぜ必要か」という問いに、理論的にも実践的にも正しく答えていくことが重要でした。ろう学校では口話教育が行われていたため、口話ができるのであれば手話は必要ないと考えられていたからです。

ろう学校助手できこえないH氏が、京都市手話学習会「みみずく」機関紙に次の寄稿をしています。


「ろうあ者が組織的団体活動をやろうとするとき、なくてはならない通訳者が現在のところ、京都には二人しかありません。ろう学校は現在、全般的に口話教育の方針を取って居り、手話を教育の手段として用いることは、一応度外視されております関係上、学校を卒業したろうあ者が、不十分な日本語をあやつって、悩みや苦しみを訴えたとしても到底十分な理解に到達することはできません」

（機関紙「みみずく」１９６３年12月）


同氏は「京ろう協新聞」（京都市ろうあ協会機関紙、現在は「京都ろうあニュース」として発行）にも「ろうあ者の発言権をめぐって」という記事を寄稿して嘆いています。

「障害者団体の会議を含め、様々な会議に出席しても意志の疎通が難しく、無視された存在になってしまう。しっかりした信念と意志を持った上に、私たちの話を真面目に受け取る能力のある通訳者でないと、通訳者自身の判断の悪さのために私たちの声は握りつぶされてしまう。悲しいことに公の席上で通訳のできる人はK氏と伊東氏の二人しかいない」

（「京ろう協新聞」１９６３年10月）

５ きこえない人のための施設建設運動

１９８２年、地域のろうあ運動のひとつである、いこいの村建設運動が結実し、京都府綾部市に日本初のろう重複障害者のための授産施設「いこいの村・栗の木寮」が開所しました。きこえないことに加え、知的障害や視覚障害等の障害が重複しているきこえない人を「ろう重複障害者」といいます。その人たちが暮らす施設です。

入所者のなかには、「ろうあ病」とカルテに書かれ、30年以上精神病院で過ごした人もいました。学校に通う機会を失い、音声言語も手話も習得する機会がないままで、精神疾患だと誤解されたのです。いこいの村にはきこえない人のための特別養護老人ホーム「いこいの村・梅の木寮」も１９９２年に建設されました。

ほかの地域でも、ろう重複障害者のための施設建設運動が展開され、埼玉県には１９８６年に「ふれあいの里・どんぐり」、２００２年には東京都に「たましろの郷」がそれぞれ開所し、その後もいくつか建設されました。

きこえる人ばかりの老人ホームでは、きこえない人は手話で話をする相手がなく、孤立してしまいます。手話で話せる場所づくりがめざされました。

❻ 難聴者・中途失聴者の運動

難聴者、中途失聴者の運動は、ろうあ運動とは別に行われてきました。ろうといわれる人たちとは、別団体で、社会的要求も違っています。

難聴、中途失聴といわれる人でも補聴器を使用している人もいれば、使っていない人もいます。補聴器を使えば日常会話は音声日本語でほぼ可能という人もいれば、補聴器をつけていても会話は難しい人もいます。手話を使う人もいれば、使っていない人もいます。外見では判断できません。

そのため、手話という共通の言葉で連帯してろうあ運動を展開した人たちよりも、つながりにくいという面がありました。日常生活ではきこえる人のなかで大変な思いをしながら孤立している人が多く、インターネットやSNSがない時代には、新聞の投書欄で呼びかけて仲間を募っていました。

難聴者の声を集めた『音から隔てられて―難聴者の声』（入谷仙介・林瓢介編、岩波新書、1975年）という本があります。きこえない、きこえにくいことによる日常生活の困難やつらい思いが書かれています。

難聴者団体では、集まって意見交換をする際に手話ではなく、黒板に発言者が文字を書く、発言を書いた紙を参加者に回すなどの方法で議論が進められていました。文字を使ったコミュニケーション方法が模索されていたのです。

1965年頃から学校教育用にOHP（オーバーヘッドプロジェクター）が登場すると、それを黒板代わりに利用しました。投影用透明シートに、最初は発言者が自分で意見を書いていました。その後、多少はきこえる難聴者が発言をききとって書くようになり、さらに、身近なきこえる人に依頼して、内容をまとめて書くようになりました。それが要約筆記と呼ばれるようになります。

要約筆記は、1973年に規模の大きな全国的な会議で行われたのをきっかけに各地に広がり、講演会などでも見られるようになりました（以上、要約筆記者養成テキスト作成委員会『厚生労働省カリキュラム準拠：要約筆記者養成テキスト上』社団法人全日本難聴者・中途失聴者団体連合会、2013年を要約）。

話している言葉を手書きしていくわけですから当然、追いつきません。そこで「要約」が必要になるわけです。繰り返し出てくる言葉には共通の記号が定められ、全国的に活用されるようになりました。たとえば、要約筆記は「㋵」と書かれます。

近年ではパソコンの普及により、手書きに加えパソコン要約筆記も広がっていくことになります。アプリケーションソフトウェア（「IPtalk」などがあります）を使って、複数の人が交代できこえた言葉をパソコンに入力していきます。

この要約筆記ができたことによって、要約筆記制度の確立を求めることが、難聴者・中途失聴者の団体の社会的要求となりました。要約筆記のための機材、場所の確保、さらに要約筆記者養成事業、要約筆記者派遣制度を求める運動を展開していきます。1985年には、要約筆記者派遣事業が障害者社会参加促進事業に加えられました。

要約筆記者の養成制度は、2013年に改正された障害者総合支援法に「意思疎通支援を行う者の

耳マーク

全日本難聴者・中途失聴者団体連合会が1975年から使用しているマークです。

出典：一般社団法人全日本難聴者・中途失聴者団体連合会（承諾番号第24-239号）
https://www.zennancho.or.jp/mimimark/mimimark/、2025年2月25日閲覧

手話マーク

筆談マーク

手話マーク、筆談マークは、全日本ろうあ連盟が2016年に作成したマークです。

出典：一般社団法人全日本ろうあ連盟ホームページより
https://www.jfd.or.jp/2016/12/01/pid15854、2025年2月25日閲覧

養成」が明記され、「手話通訳者、要約筆記者、盲ろう者向け通訳・介助員を養成する」とされています。後述する手話サークルと同様に、要約筆記サークルが全国各地にあり、活動しています。

難聴者の全国団体の要求にはほかにも、補聴器の交付、補聴器購入に際しての補助の拡大、障害認定基準を現行の70デシベルより下げるように求める「デシベルダウン」と呼ばれるものもあります。

独自の「耳マーク」の普及活動も行っています。これは、耳が不自由であることを表すと同時に、病院や公的機関に表示し、難聴者への配慮や筆記でのコミュニケーションを求める、啓発用のシンボルマークです。バスや鉄道の駅の窓口、銀行の窓口などでよく見かけます。さらに、補聴器や人工内耳、磁気伝導ループをはじめとした機器の普及活動も行っています。

ろう、難聴、中途失聴には医学的な区分があり、障害者運動としては別々に行っていても、明確な

境界線があるわけではなく、共通性も多くあります。

何より、コミュニケーションや情報を得る手段として手話を使うか、文字情報を使うか、音声を使うかは、本人の選択によるのです。それも、いつもひとつの手段だけとは限らず、周囲の環境によって、手話と文字情報が必要になることもあれば、音声と文字情報が必要ということもあります。

難聴者は、自分の思いや考えを自分の声で発することができる人が多いのですが、発音が不明瞭なことで恥ずかしい思いをすることがないよう、理解と配慮が必要になります。声と手話を併用する人もいます。手話を中心とするか、音声情報を主に活用するか、両方を活用するかは、ある程度は分けられるとしても、人や場面、状況や環境によっても変わってきます。

どのような方法、どのような手段であっても、本人の選択を尊重することが大事です。

したがって、手話通訳を求められれば、その人のきこえる度合いや日常的にどんな手段を使っているのかに関係なく、手話通訳の対象者となります。

5 社会のなかの手話の変遷

❶ 映画「名もなく貧しく美しく」と3回の手話ブーム

手話は一般社会のなかでどう見られてきたのでしょう。口話法による教育が浸透していた時代、手話がわからない人にとっては言葉として認識されていませんでした。

何を表現しているのかわからない身振りでしかなく、蔑《さげす》みの対象ともなっていました。街中で手話を見かけることも少なく、きこえない人の存在もあまり知られていませんでした。

手話は「見る言葉」ですから、ラジオなどの音声ツール、絵や写真などの静止画、文章表現では適切に表すことができません。手話辞典などの書籍では、イラストや写真に合わせて手の動きを文章で説明しています。

近年では、インターネット動画で見られることが増えました。映像では手の動きや表情などがよくわかります。DVDなどを添付し、映像で見られるようにしている書籍もあります。

一般の人々に手話やきこえない人の存在を広めたのは、インターネットが登場する以前は映画やテレビドラマなどの映像メディアでした。「手話ブーム」といえる社会現象はこれまでに3回起こっています。

俳優がきこえない人を演じ、手話を使って会話をする設定の映画やドラマが一般社会に受け入れられ、きこえない人や手話の存在を広めています。これらの映像メディアでは、制作された時代によって、きこえない人や手話の描かれ方が変化しています。それは、社会のきこえない人や手話に対するまなざしの変遷でもあります。

●1回目の手話ブーム

きこえない夫婦を主人公にした映画「名もなく貧しく美しく」が公開されたのは1961年です。

配給収入が2億5154万円とヒットし、その後1976年、1980年にはテレビドラマも制作されています。

一般の人に向けて本格的に映像メディアのなかで手話が見られたのは、この映画が最初だと考えられます。映画は、きこえない夫婦がきこえる人からのさまざまな差別やいやがらせを受けながらも懸命に子どもを育てる様子を描いたものです。

夫は手話のみで声がありませんが、妻には声があり、夫婦の会話は手話で行われ字幕がついています。妻はきこえる周囲の人と口話で会話ができる設定になっており、夫はきこえる人の口を少しは読み取れる程度です。手振り身振りでコミュニケーションをとり、筆談はほとんど出てきません。

列車でそれぞれ隣接車両にいる夫婦が手話で会話する場面が、印象的に描かれています。扉で隔れていると、きこえる者同士の声での会話は列車の騒音にかき消され通じませんが、手話だと周りが騒がしくても離れていても成立することが映像ではわかりやすく伝わります。

この映画を監督した松山善三が次のように語ったと、新聞に書かれています。

「数年前日比谷でクツみがきのろうあ者を知ってから、ずっとこの題材を考えていた。10年かからなければ社会の一単位になれなかったろうあ夫婦の姿、ものいえぬ人間から正否をはっきりいえる子どもが生まれ、育っていく物語を、ろうあ者だけの話としてではなく描いていきたい」

（「朝日新聞」1960年8月22日）

「10年かからなければ社会の一単位になれない」という言葉は、きこえない人に対する見方が非常に厳しかったことを表しています。

また、「ものいえぬ人間から正否をはっきり言える子どもが生まれ」は、現在でいうコーダ、きこえない親から生まれたきこえる子どもを取り上げていますが、明言はしていないものの、きこえない人が子どもを育てること、それもきこえる子どもが生まれていることに、驚きというより侮蔑的なニュアンスが、筆者には感じられます。

その後1963年に、日本初の手話サークルである京都市手話学習会「みみずく」が誕生しています。翌年には神戸市でも手話サークルができ、その後、手話サークルが全国各地で立ち上げられるようになりました(78頁~参照)。

映画の影響がどの程度あったのかはわかりませんが、手話を学びたいというきこえる人が潜在的にいたからこそ、手話サークルが広まったと考えられます。

1970年からは手話奉仕員養成講座(福祉の制度として始まった講座)が開始され、手話講習会が全国で行われるようになったこともあり(114頁参照)、1回目の手話ブームといえる現象が起きています。

●国際障害者年前後の2回目の手話ブーム

2回目の手話ブームは、1981年の国際障害者年の前後です。国際連盟が旗振り役となり、日本国内だけでなく、海外のさまざまな障害者の姿や暮らしの様子がテレビなどで放映され、人々の関心が集まった時期です。

これまで施設や自宅に閉じこもりがちだった障害者を街中で見かけるようになりました。きこえない人だけでなく、障害のある人全体に注目が集まるなかで、手話もそのひとつとして広まりました。

●テレビドラマがもたらした3回目の手話ブーム

そして3回目の手話ブームは、1990年代以降に放送されたテレビドラマがきっかけとなっています。1995年4月から日本テレビ「星の金貨」が、7月からTBS「愛していると言ってくれ」が相次いで放送されました。

「星の金貨」は、きこえない女性ときこえる男性とのラブストーリー、「愛していると言ってくれ」は、きこえない男性ときこえる女性のラブストーリーです。

2004年には、TBS「オレンジデイズ」が放映されました。こちらは、きこえない女性ときこえる男性のラブストーリーで、大学生の友人グループ内での交流を交えながら恋愛が描かれています。

いずれのテレビドラマも、手話を使っている場面では字幕が表示されましたが、きこえる人ときこえない人の会話の場面では、手話を読み取った相手（きこえる人）が音声のセリフとして言い直す手法が目立ちました。きこえる人が手話を使うときは、音声のセリフと合わせて手話表現をしています。

また、主人公のきこえない人以外には、きこえない人はほとんど登場しません。「名もなく貧しく美しく」にあったような、きこえない人同士の手話での会話がないのです。きこえる人で、手話のできる家族や友人は登場していますから、いわば「きこえる社会のなかで懸命に生きるきこえない人」が描かれ、きこえない主人公は複雑な思いと孤独を抱えていることが表現されています。

「愛していると言ってくれ」のプロデューサーが新聞のインタビュー記事で、手話を取り入れたねらいを次のように答えています。

「愛しているとか好きだとかいう言葉が頻繁に使われるので、今は言葉の持つ意味がとても軽くなっているんじゃないか。だから言葉を使うより手話のほうが感情を強く、やさしく訴えることができる。言葉では嘘をつけても、表情はごまかしがきかないだけに、より真実の愛に近づけるのではないだろうか」

（「朝日新聞」１９９５年9月2日）

手話は言葉ではないという認識ですが、音声言語と比べて、手話には別の魅力があるという捉え方です。ここで手話は、手まねと侮蔑的にいわれていた時代から、言葉とは違うが魅力的なものであると、見方が大きく転換しているのです。

この制作側の発想、つまり手話の魅力が一般視聴者に受け入れられました。1回目、2回目の手話ブームでは、きこえない人の助けになるために手話を覚えようという風潮でしたが、手話そのものを「魅力的なもの」「カッコいいもの」として見るようになっています。

ラブストーリーなので、きこえる人ときこえない人が手話を通じて少しずつコミュニケーションを深めていくことが、恋愛ドラマを盛り上げる材料となっています。これらのドラマのヒットは、手話が「社会のなかにあるもの」「魅力的な、カッコいいもの」として社会に浸透する役割を果たしました。

ただし、きこえない人にとっては不満が残る状況でした。当時のテレビには字幕表示機能はまだなく、手話による会話の場面には字幕があったものの、きこえる人(俳優)が声だけで会話をしている場面には字幕がありませんでした。きこえない人が登場するテレビドラマであるにもかかわらず、手話の場面を除いて、きこえない人たちはリアルタイムでは楽しめなかったのです。

❷ 近年のテレビドラマが描いた多様性

2022年10月から放映されたドラマ、フジテレビ「silent」では、主人公が「若年発症型両側性感音難聴」を患い、3年前からきこえなくなっているという設定になっていました。きこえていた頃の主人公の男性を知っている女性が、きこえなくなった男性と再会後に恋愛関係を築いていく過程が描かれています。

この作品でも、1990年代のドラマにあったのと同様に、きこえる女性がきこえない男性と話をするために手話を覚えようとする場面がありますが、これまでと大きく異なる点があります。

それは、主人公以外に生まれつき耳がきこえない女性が登場したり、手話教室講師のきこえる男性が登場したりと、主人公と話すために手話を覚えようとする人ではなく手話話者として最初から存在している人が登場する点です。

手話を母語としているきこえない人、手話を獲得、習得しようとしているきこえない人、きこえにくい人、手話を習得しているきこえる人、手話を学ぼうとするきこえる人など、手話技術の習熟度や使っている手話が多様な手話話者が登場するほか、主人公と同じ世代の若者だけではなく、多様な年代の手話話者も登場しています。

また、手話のできないきこえる人ときこえない人との会話では、手話や口の動きでは伝わらないことから、SNSでの短い言葉でのやりとりやスマートフォンの音声認識アプリ（音声を文字に変換するアプリケーション）を使って会話をしています。

きこえない人ときこえる人との手話以外のコミュニケーション手段は、かつて手帳など紙に手書きして筆談をするしかありませんでした。

年代を追って「愛していると言ってくれ」ではFAXが使われるようになり、「オレンジデイズ」では携帯電話のキャリアメールでのやりとりもできるようになっています。技術開発によってコミュニケーション手段が変化、拡大していることがわかります。

ドラマでは取り上げられていませんが、パソコンやスマートフォンでのビデオ通話では、手話での会話も可能です。

インターネットやスマートフォンの普及により、きこえない人のコミュニケーション方法も変化しているのです。ただし、文章を書くのが苦手なきこえない人もいます。音声から言葉を覚えることができない上、日本語の文章（書記日本語）と手話は言語が異なります。文章を書けるようになるには相当の困難があるのです。

「silent」に続いて、テレビ朝日「星降る夜に」が2023年1月から放送されました。生まれつき耳がきこえない男性ときこえる女性のラブストーリーで、きこえる女性は、きこえない男性と話すために手話教室に通い、手話を学びます。

この作品でも「silent」と同様、主人公のほかにも手話を使うきこえない人や手話講師(ろう者が演じているきこえない人)、手話が堪能なきこえる友人、手話を少しだけ使える店員など、多様な手話話者が登場しています。

きこえない主人公が、手話のできないきこえる人とコミュニケーションをとるときには、スマートフォンの音声認識アプリのほか、スマートフォンやタブレット上のSNSでやりとりしています。

❸ 多様な手話の時代に

近年のテレビドラマで描かれたように、多様な手話使用者が登場するということは、多様な手話表現があることを示しています。手話が生きた言葉である以上、きこえない人のなかでも世代によって使う手話表現は異なってきます。

言葉は時代によっても変化するもので、表現が違うから間違った手話というわけではありません。手話には地域性(方言)もあれば、いわゆる「若者言葉」もあります。手話を覚えた年齢や成育環境、日本語の習得状況によっても手話表現は異なります。

1990年代後半頃からろう学校など教育の場でも、手話が禁止されることは徐々になくなってきて、きこえない人が街中で手話を使うことは当たり前のこととなってきました。

またきこえる人も、学校の授業などできこえない人や手話について学ぶ経験をもつ人が増え、手話ができなくても、手話が社会にあるものとして受け止められるようになってきています。テレビドラマの影響や手話ブームのおかげで、手話を知っている人が増えたこともあるでしょう。手話の多様性についても、手話が言葉として認識されたことで理解、受容されつつあります。

「silent」では、失聴してからそれほど時を経ていない中途失聴者といえる主人公が、流ちょうな手話を使っています。きこえなくなってから、生まれつききこえない人に手話を学んだためと、ドラマでは説明されています。しかし中途失聴や難聴の場合、日常的に自分の声で話していても、相手の話がきこえないことにつらさを感じている人がいます（60頁参照）。そういう人のことは描かれていません。

また、近年のテレビドラマでは、手話やきこえないことが恋愛を盛り上げる材料となっていることは同じでも、主人公以外にもさまざまなきこえない人が登場してその多様性を提示し、多様性と対峙することの難しさを恋愛に絡めて表現するようになっています。

社会的に手話が認知されていく過程では、「手まね」といわれ、きこえない人を含めた障害者への侮蔑的で同情的な扱いがあった時期を経て、「手話は魅力的」「手話はカッコいい」という受け止め方に大きく変化しました。そして最近では、手話が生きた言葉であり、その表現には個別性があり、「多様な手話」があることも提示されるようになっています。

同時に、きこえない人へのまなざしも、「侮蔑的、あるいは存在しない」という見方から「手話という魅力的な言葉を使っている人」に変化し、さらに、ろう、中途失聴、難聴などの「きこえないことの多様性」があることとの理解の難しさが共有され、そこから「マイノリティとどのようにつき合うか」という課題にどう立ち向かうか、という表現に変化しています。

きこえないことの多様性は個別性が高く、他人からは見えない、見えにくいものです。一人ひとりの「きこえない」とはどういうことなのかを理解するのは、きこえる人には非常に難しいのです。また、コミュニケーション手段が違うというだけでなく、会話の場面以外でも、きこえる人であれば苦もなく獲得できる音声情報が、きこえない人には入りにくいこともあります。コミュニケーション手段も多様で、その手段のひとつである手話にも多くの表現があるのです。

映画やテレビドラマのなかの手話やきこえない人は、そのすべてを表してきたわけではなく、きこえない人から見れば、自分たちの現実とは違うと感じることも多いと思います。きこえない人の役をきこえる人が演じることが多く、不自然に感じているのではないでしょうか。

それでもこれらは、手話が存在し、使われていることを社会に浸透させる上で大きな影響を及ぼしました。「手話がカッコいい」と、見方が変化したのも、手話が肯定的に認知されるようになった証です。地上デジタル放送が開始され、一般に普及するようになると、きこえない人もテレビを字幕で楽しめるようになりました。

第2章 手話通訳

手話通訳は、手話が始まった後に登場します。手話に限らず言語は話す相手があり、伝えるべき内容があって成立します。複数の人間が集まることで、初めて言語によるコミュニケーションができるようになります。日本で最初に手話が始まったとされる明治期のろう学校が、きこえない人が集まる最初のコミュニティでした。

1 手話通訳の始まり

明治期のろう学校では当初、手話法による教育が行われていました。やがて手話法から口話法による教育に切り替わっていくのですが、手話法による教育が行われてきた時期に手話通訳が存在したのかどうかははっきりしません。しかし、手話法による教育を行っていたろう学校教師たちは手話を理解し、手話を日本語で表現すること、日本語を手話で表現することはできたと考えられます。

1933年の鳩山文部大臣の訓示以降（30頁参照）、ろう教育では手話を使用しない時代が長く続くこととなります。ろう教育は口話法による教育に大きくシフトし、教育の現場で手話を使用することは禁じられました。手話は限られた人の間では通用してもきこえる人が中心の社会では通用しないこと、口話訓練の妨げになることがその理由であったとされています。きこえなくとも口の動きを読んで話を理解し、発話ができることがよいとされ、読唇や発声の訓練に時間が割かれました。

このような状況で、手話通訳者は限られていました。きこえる人で手話ができるのは、手話に理解を示す、きこえない人の家族か、ごく一部のろう学校教師くらいしかいなかったのです。きこえない生徒から手話を学ぶろう学校教師は生徒から歓迎されましたが、わずかだったようです。ごく少数のきこえる手話使用者が手話通訳の役割も担い、手話通訳に駆り出される状況でした。

たとえば、伊東雋祐（『伊東雋祐著作集　手話と人生4　手話の見かた考えかた』文理閣、1999年）は、1949年にろう学校の教師になり、翌年には手話通訳を始めていました。きこえない人から手話を学び、多少でも覚えるとすぐに通訳をしていたと述懐しています。また、「きこえない人が捕まっているから通訳に来てほしい」と警察からろう学校に電話があり、教師が行って通訳をするといったことがあったようです。

しかし、きこえない人のなかには、未就学（学校に通った経験がない）で、文字もほとんど書けない人もいて、手話通訳が困難なケースもありました。

ろう学校があっても、さまざまな事情で学校に通うことができなかった人がいたのです。ろう児のろう学校への就学義務化は戦後の教育基本法、学校教育法公布の1947年からです（それでも、重度の障害児は就学猶予、就学免除の措置がとられていたため、未就学の人はいます）。

初期の手話通訳の領域は、主に警察、裁判などの司法関係、大会のあいさつや講演会での通訳でした。きこえない人には手話通訳を頼むという発想がほとんどなく、きこえる人（警察などの機関）が手話通訳を依頼していました。

2 手話サークル「みみずく」――手話を学ぼうと考えたきこえる人たち

❶ 日本初の手話サークル「京都市手話学習会『みみずく』」

手話で会話をすることと、手話通訳をすることは違います。初期の手話通訳は、手話に理解のある家族やろう学校教師などいわゆる「きこえない人の周辺にいる人」、つまり手話のできる関係者によって担われました。手話通訳の役割の論議も、手話通訳技術もまだありません。

現在では、書店に行けば手話の本があり、テレビではニュースに手話通訳がついているのを見かけ、SNSや動画などで手話を発信している人もいて、手話を見る機会は増えています。それらから手話に興味をもった人も多いのではないでしょうか。

ろう学校教師や家族などではなく、手話を学ぼうと考えたきこえる人の例として、日本初の手話サークルである、京都市手話学習会「みみずく」（以下「みみずく」）が誕生した経過を紹介します。

Nさんは、昼間は病院で働き、夜は夜間の学校で学んでいました。ある日、Nさんが働いている病院にきこえないHさんが入院してきたのですが、病院関係者とコミュニケーションがとれずにいたのです。Hさんは、ろう学校の助手として働いていて、発話はある程度できるため、自分の思いや意見を音声言語で伝えることはできました。けれども、医師や看護師の言っていることはわからなかったのです。口の形を読んで理解しようとするのですが、早口なことも多く、顔が自分に向いていなければ読み取れません。医師が横柄な態度をとることもあり、怒りを爆発させることもありました。

Hさんは、見舞いに来たきこえない人とは手話で語り合い、スムーズにコミュニケーションができています。その様子を見たNさんは手話を覚えたいと思い、ろう学校に相談の手紙を書きました。ところが、手紙を受け取ったろう学校校長は手話ができなかったため、手話通訳をしていた伊東教諭に手紙を託し、同教諭が手話通訳のKさんに相談したのです。

当時の手話通訳者といえば、京都では伊東教諭とKさんの2人だけでした。Kさんは母親がきこえない人で、母親とのやりとりのなかで自然に習得し、手話通訳をしていました。まだ手話通訳の制度がない時代です。2人はそれぞれ仕事をもちながら個人的に引き受け、多くの場合は報酬もなく、私生活を犠牲にして、手話通訳に駆けずり回っていました。

「1人で学習したのではなかなか続けにくい。ろうあ者問題を考えようという仲間があるとよい」

Kさんには、これまでも何人かから手話を勉強したいと相談されたことがありました。しかし誰も続かなかったため、仲間を集めることを提案したようです。Nさんはそのアドバイスで、夜間学生を中心に若い仲間を集めました。

こうして1963年9月1日、「みみずく」が誕生しました。会員は20名程度で、京都府ろうあ協会(当時)幹部の協力も得て、毎週日曜日の夜に例会を開き、手話やろうあ者問題の学習を始めました。途中、会員数が減少したり例会の欠席者が目立ったりもしましたが、活動は続けられました。

「なんで、このように彼らは自分自身の直接関係のないことをやってくれるんやろうな?」

「いつまで続くのやろうか？」

手話を教えるため、協力者として「みみずく」に参加していたきこえないTさんは、耳のきこえる仲間ができたと半ば喜び、半ば不安でした。

「みみずく」は、個人の活動ではなく、集団で手話を学ぶ形態をつくったことで、継続的な学習や活動ができるようになりました。「みみずく」は現在、京都市内の各行政区に支部があり、会員数も300名を超えています。

「みみずく」の記念誌（「手話学習会みみずく十五年の歩み」1978年）によれば、1963年の設立当時、世間の流行語は「バケーション」でした。しかし、「みみずく」に集まった夜間学生、勤労学生は貧しくて流行には縁がなく、社会的に弱い立場にあるろうあ者に共感する部分が大きかったようです。きこえない人たちに対する連帯感のようなものがあり、「何かしたい」という気持ちをもっていました。会員のほとんどが10代か20代前半と若く、Nさんと同様に夜間は学校に通いながら昼間は働いていました。

「みみずく」の名称は、夜行性のみみずくという鳥が夜に活動する自分たちと似ていること、そしてきこえない人の耳がわりになる「みみがつく」にも通じることから、会員らの協議で決めたものでした。「みみずく」設立のきっかけとなったNさんは機関紙に、次のような文章を寄せています。

「私達は自分が差別をしてるなんて夢にも思わないし、むしろみみずく会に集まった皆は、そういう人達と親しくなりたい、という善意の人ばかりです。けれど、その善意の中に差別を含んでいないかという点を私達はもう一度各自の胸に問いかけ、安易な同情や無意識な言動が耳のきこえない人を傷つけないように正しい姿勢を持ちたいものです」

（機関紙「みみずく」1963年12月）

❷「みみずく」の活動

「手話を学んでろうあ者の良き友となり、共に手をつないで、差別や偏見のない社会を実現するために努力する。また、そのために必要な学習や事業を行う」

これは初期の「みみずく」の会則に掲げられた目的です。当初から多かった「ろうあ者に何かをしてあげるというような単なる奉仕ではなく、ろうあ者と共に歩んでいくという姿勢が大切だ」との意見が反映されています。その後の改定で文言は少し変わっていきますが、この精神は現在の会則にも引き継がれています（現会則は「みみずく」ホームページ〈http://www.mimizuku-kyoto.com/、2025年2月25日閲覧〉で確認できます）。

1964年には神戸にも誕生するなど、続々と全国各地に手話サークルが設立されていきました。きこえる人で手話を学びたいと考えていた人は、全国各地にいたのでしょう。

手話サークルは任意の団体なので、その数を正確に把握することは難しいのですが、現在は全国に1900ほどあるといわれています。目的や活動内容も多様で、きこえない人との交流が中心であったり、手話劇に取り組んでいたり、サークルによってさまざまな活動が行われています。

「みみずく」は基本的に夜に行われている（昼の部もあります）サークルですが、京都市内にはほかにも昼間に活動している手話サークルや、難聴者向けの手話サークルもあります。

●「親と子の集い」

初期の「みみずく」の活動は週1回、夜に例会を開いて手話学習を行うのが基本で、ほかにも手話劇の練習やろうあ協会との交流、「親と子の集い」などのイベントの開催、レクリエーションなどを行っていました。

このうち「親と子の集い」は、主にきこえない親ときこえる子ども（コーダ）が集まるイベントです。1966年12月に京都府立ろう学校体育館で行われた「親と子の集いクリスマス会」には、約60名の親子を迎えています。

この「集い」が行われていた背景には当時、きこえない親からきこえる子どもが生まれた場合、親が直接育てるのではなく、きこえる祖父母や親戚が育てているケースが多かったことがあります。親子間のコミュニケーションの促進が目的のひとつとされました。

「みみずく」会員にとっては、親子間のコミュニケーションの仲立ちをする場であり、きこえない親が手話で育てているきこえる子どもとの音声言語でのコミュニケーションを通じて、言語発達を促す場にもなりました。また、自分たちも楽しみながらきこえない人たちにも楽しい時間を提供し、きこえない人同士のやりとりを見て手話を覚え、きこえない人と手話でやりとりをして学ぶ場にもなっていました。

●手話の学習方法

手話を学ぶにも手話テキストや学習方法が未開発の当時、週1回の例会には京都府、市の両ろうあ協会（当時）からきこえない人が参加して指導していました（93頁も参照）。「みみずく」内でも手話学習方法を模索する状態で、機関紙には「みんなでさがそう手話になおし易い歌」などの記事が掲載されています。ほかにも、交流会の印象を手話で語り合う、議題を決めて手話で討論する方法などが提案されています。

初期の「みみずく」会員は、ろうあ協会会員のきこえない人といっしょに、8ミリビデオで撮影した手話の様子を繰り返し見ながら、「この表現は日本語にすると○○になる」などと協議して手話表現に合う日本語を決めていったそうです。

きこえる人が手話を学ぶには、日本語との整合性が必要です。それを手探りでつくっている状態でした。手話表現を取り出し、日本語では何と表現するかという翻訳作業が行われていました。

❸「みみずく手話通訳団」の発足

1967年には、「みみずく」内に「みみずく手話通訳団」が発足しました。それまで伊東教諭とKさんの2人だけだった京都の手話通訳に、手話を覚えた「みみずく」の会員やろう学校教師が加わっていくことになります。

ここから手話通訳は個人的に依頼を受けるのではなく、集団で受けるという形ができました。そして、「みみずく手話通訳団」は、京都ろうあセンターが設立されて手話通訳派遣業務を担うようになる1969年まで続きました。

とはいっても、「みみずく」には、手話の学習を始めたばかりの会員もいますから、会員全員が手話通訳団に名前を連ねたのではなかったようです。

また、「みみずく会手話通訳団発足について」という題で各関係機関や団体に送付された通知書には、次のように記載されています。

「従来ろうあ者に対する手話通訳は個人的な奉仕活動で行われておりましたが、此のたびより、ろうあ者の社会的権利を守り高めるために通訳団を結成しました。ろうあ者に対する手話通訳については関係機関、団体が考慮されるべきものであると考えますので、今後手話通訳の必要なときは別紙様式により申し込んで頂きますようご連絡申し上げます」

ここには「ろうあ者の社会的権利を守り高めるため」とあり、きこえない人の権利擁護が手話通訳団の結成目的であり、手話通訳がそのためにあることがわかります。

❹ きこえる人の団体へ

「みみずく」はきこえる人が手話を学ぶ場であり、基本的にきこえる人が会員でしたが、初期にはきこえない人も賛助会員として在籍していました。ろうあ協会から手話を教えるために派遣されているきこえない人とは別に、きこえない会員がいたのです。先の記念誌には次のような記述があります。

「当初、ろうあ者は賛助会員として扱われていたが、ろうあ者や中途失聴者が入会して、どうしてもみみずくの活動とはしっくりいかない面もでてきた。というのは、ろうあ者にとっては、自分たちの抱えている悩みや問題を解決したいという要求を持っているのに対し、健聴者は手話やろうあ者問題を学びたいという要求を持っているからである。こんなきっかけで、1965年、会員は原則として健聴者とすることに改められ、ろうあ者の賛助会員制度は廃止された」

（「手話学習会みみずく十五年の歩み」1978年）

きこえない人は、習得する機会に恵まれなかった手話を学ぶためという人もいましたが、ほかの目的で参加する人もいました。それは、福祉事務所などの公的機関には手話ができる担当者の配置がなく、手話通訳もほとんどない状況で、暮らしのなかの困りごとを手話で相談することでした。

「ろうあ者が抱えている悩みや問題」にはいろいろなものがありますが、「雇用問題やきこえる人との法的なトラブルなど深刻なものもあれば、「家の洗濯機が壊れたが、どうしたらいいのかわからない」などの相談も多くありました。

たとえば、きこえる人なら、洗濯機の異音で故障の箇所を特定できるかもしれませんが、音がきこえなければわかりません。また、きこえる人がテレビコマーシャルや何気ない日常会話のなかで得ている洗濯機の商品情報、基本的な構造や簡単な修理方法などの情報も、きこえない人には入りにくいのです。

「音で知らせる」機能がついていても、きこえない人には役に立ちません。修理の依頼先がわからず、依頼先がわかったとしても、きこえないために電話ができず、ＦＡＸもない時代には依頼をするのも難しかったのです。

そのため、きこえる人で、手話がなんとか通じる「みみずく」の会員が、頼みの綱になっていました。「みみずく」の会員は、個人でこのような悩みに対応していました。しかし、それは会の目的である「差別や偏見のない社会を実現するために努力する」ことにはならないという問題意識ももっていました。個人で対応するにしても、「みみずく」の活動時間内には自分たちが手話を学びたいという願いもありました。

それらのことから、きこえない人はろうあ協会や難聴者協会等の当事者団体に入会し、きこえる人は「みみずく」に入会して、それぞれの立場で活動する原則が決められました。そして、当事者団体と「みみずく」とは、互いに自主的運営を尊重し合いながら、絶えず密接に連絡をとり、協力して、対等・平等の立場でともに活動を進めていくという方向性が確認されました。賛助会員制度は、こうして「みみずく」からなくなりました。

特例として、手話を未習得のろうあ者・難聴者・中途失聴者の場合は、「みみずく」への入会を認めるものの、手話を習得したら「みみずく」を卒業し、ろうあ協会なり、難聴者協会に入って活動する、という規定もできました（現在はこのような規定はありません。個別に対応しています）。

「手話を未習得の」きこえない人とは、ろう学校ではなく一般の学校で学んでいたために、手話を習得する機会がなかった人が主で、成長するにつれて病気などの理由で聴力が衰えてしまった人、事故などで急に聴力を失った人などもいました。

❺「手話奉仕員養成事業」への影響

1966年、旧厚生省社会局厚生課より「みみずく」に照会があり、会の現状の説明を求められました。これは、1970年に始まる手話奉仕員養成事業等の事業の叩き台の参考としてということでした。

ろうあ運動では継続的に手話のできる福祉司や手話通訳の保障を求めてきていましたが、公的にはまだ手話は言語として認められず、口話法で教育を受けてきたのだから手話は必要ないとみられていました。そのなかでの「みみずく」の活動は、きこえない人にとって手話が大切で、必要なものであることを示すものでもあったのです。

「みみずく」では照会に対し、「京都における手話奉仕活動の概況とその問題点について」と題して回答しています。このなかで「手話奉仕活動により成果のみられた点」として次の点をあげました。奉仕活動とは、今でいうボランティア活動のことです。当時はまだボランティアという言葉が一般的ではありませんでした。ここでは、「みみずく」の「京都市手話学習会『みみずく』：創立四〇周年記念のつどい『基調報告につける薬』」（２００５年）という記念誌から引用、検討します。

①ろうあ者と一般人の話し合いが活発になってきたこと（ろうあ者の発言権の確保）。
②ろうあ者の福祉活動が社会性を持ち活発になってきたこと。
③職場への手話指導活動を行なって職場適応に貢献したこと。
④ろうあ者夫婦とその子供に対してサービス活動をして家庭の不安をとりのぞいたこと（子供の言語指導・非行防止）。
⑤ろうあ者の相談相手となっていろいろな生活上の不便をとり除いたこと。
⑥ろうあ者の友としてその社会性を向上させたこと。
⑦ろうあ者の社会教育の実行に際して通訳活動を行なったこと。
⑧指文字を普及したことにより、口話法教育に一定の役割を果たしていること。
⑨ろうあ者の実態を市民の中へ啓蒙していること。
⑩手話劇によってろうあ者の情操面を豊かにして来たこと。

「みみずく」は、自分たちきこえる人の手話学習の成果ではなく、手話奉仕活動で得られた成果をあげました。あわせて、「手話奉仕活動についての問題点」もあげています。次の7点です。

①奉仕者として限界が感じられること

ろうあ者福祉を考える時、手話を除いては考えることが出来ないが、行政の制度上の保障の無い中で手話通訳活動を行うということは、奉仕者の負担が大きすぎる。少なくとも、半官半民な組織活動でなければ、実質的活動を行う場合、相当の無理がある。専門性がかなり要求される活動であり、単なる善意のみでは手話奉仕活動はできない。

②現状の手話奉仕グループは単に手話学習及び研究にとどまらず、ろうあ者のコミュニケーション一般についての関心を持つべきであり(音声を媒介としない伝達の手段を的確に行うための研究、たとえば要約筆記してスライド映写を即座に行うとか複数通訳として板書と手話を併用とか)、また諸活動を行うためには福祉諸施策についての理解も重要であり、このためのかなりの能力が要求される。

③手話通訳者はろうあ者に対する指導者ではないのに、ともすると、ろうあ者の代理者として考えられる点、折角の目的である、ろうあ者の自主性の確保が反対に欠如される結果になることが多い。それだけに、手話通訳者の資質について手話奉仕グループの育成の際、特に注意しなければならない。

④ろう教育と手話に対する考え方について

成人ろうあ者に対して現実のろうあ者の社会生活の伝達手段として、手話が行われている以上、教育上の口話法に対する問題とは別個に考えなければならないにもかかわらず、幾分、混乱しているため手話奉仕活動が誤解されやすい。

⑤学習する場所がない（現在、個人宅を借用）。学習研究費（テキスト、参考書、八ミリフィルム等）、奉仕活動費（交通費、実費または勤務を余儀なく休んで活動するための保障）の犠牲が多すぎること。京都の場合、四十年度は京都府からの助成を受けた他、篤志家の寄付の外は殆ど奉仕者の負担になっているので充分な活動ができない。

⑥手話奉仕活動を行う場合、基本的に手話の学習から始めることになるが、地域事情に合った具体的な手話奉仕ニーズとその対策を充分考慮しなければならないのは当然であるが、この場合、ろうあ者の個々人との結び付きは奉仕者の性格・能力の差が大きく、京都の経験から考えると先に述べたように、ろうあ者に対する指導者的な役割を果たす事ではなく、協力的態勢である点から幾分消極的な態度でなければ、団体運営等に関しては干渉的になりがちになり、このことが本来の奉仕グループの目的を逸脱することともなると言うことで、手話奉仕グループ育成方針について、当初から具体的な方針を持つことがなかったので一時停滞をみた。しかし、手話奉仕活動の場がきっかけとしてつかみにくい点がある（基礎的な手話能力から熟練までの期間）ので（育成技術についての反省はしている）、ろうあ者の親と子という中に介在する場合、抵抗感が少なく、喜んで受容され、ろうあ者との交流の足がかりとなること、また、手話劇の練習の中で手話の応用場面が設定されるので、手話能力の向上につながり、活動の足掛かりとなると考えられる。

⑦その他

イ　刑事訴訟法によるろうあ者の裁判権行使のための通訳活動のあり方。

ロ　手話奉仕（ろうあ者サービス）に対する考え方の統一。

これらの問題点は「みみずく」が抱えていた問題でもあります。「みみずく」は手話学習のための団体であるとしても、手話通訳や支援をボランティアとして行うには限界があり、支援のための専門職の必要性を訴えています。ただし、「少なくとも半官半民の」と書かれているものの、具体的にどんな専門職なのかについての言及はありません。社会福祉士（ソーシャルワーカー）などの社会福祉の専門職がまだほとんどなかった時代ですから、イメージが難しかったのでしょう。

また、周囲からはきこえない人の指導者として見られてしまい、きこえない人の主体性を尊重することが難しいことも問題だとしています。ほかにも、活動費の不足の問題が具体的にあげられています。

加えて、手話そのものの課題として、口話法中心のろう教育の問題、すなわち、ろう教育において口話法を実施していても、きこえない人の日常のコミュニケーション手段は手話であることも書かれています。

「手話だけでなくろうあ者のコミュニケーション一般に関心を持つべき」という部分は、やがて要約筆記に発展していきます。「みみずく」内にも要約筆記部という専門部が立ち上がり、それが要約筆記サークルに分かれていくことになりました。

❻「みみずく」と手話通訳

「みみずく手話通訳団」が活動を始め、手話通訳を行う「みみずく」会員が少しずつ現れました。当時は手話通訳制度も、手話通訳の資格制度もありません。会員は、手話通訳として活動しているKさんや伊東教諭から、手話通訳に行くように指示をされて活動していました。

手話通訳を始めたばかりの会員が通訳現場に行くと、通訳者がKさんや伊東教諭でないことに、きこえない人はがっかりしたそうです。それでも、手話通訳活動を繰り返していくうちに次第に変化し、「みみずく」会員自身がきこえない人からの信頼を得ていきました。

初期段階の「みみずく」は、手話通訳のあり方の議論や手話通訳者としての活動を重視していました。やがて、手話通訳派遣の調整を京都ろうあセンターが担当するようになり、手話通訳の課題を取り上げる場として1974年に全国手話通訳問題研究会（以下「全通研」）が発足したことで、「みみずく」は、「手話を学び、ろうあ者の良き友となる」という会の本来の目的に戻っていきます。

また、「みみずく」は当初から、手話通訳者として活躍する人が現れる一方で、短期間で退会する人も少なくありませんでした。職場のきこえない同僚とある程度の手話でやりとりができるようになればよいと辞めていく人や、仕事が多忙になり疎遠になる人もいるなど、自主的なサークルであるだけに、会員が定着せず流動的になりがちでした。

それでも、「みみずく」という組織があることで、きこえる人が手話を学ぶ場が常にある状況がつくられました。会員数は変動しながらも、現在まで続いています。

❼ 手話サークルときこえない人の団体との関係

「みみずく」は活動当初から、きこえない人の当事者団体である、京都府ろうあ協会と、その支部である京都市ろうあ協会（当時）との関係を築いてきました。両ろうあ協会から手話講師として会員を派遣してもらい、例会での手話学習を実施したほか、ろうあ協会との交流会などもありました。先に述べたろうあ運動（49頁参照）にも「みみずく」は参加しています。１９６７年の運転免許獲得運動では、ろうあ協会の会員といっしょに街頭アピールなども行いました。

とはいえ、いつもよい関係が築けていたわけではありません。きこえる人の集まりである手話サークルに対して、きこえない人の団体から違和感が表明されることもありました。

たとえば、先に取り上げた「京都における手話奉仕活動の概況とその問題点について」にあった「子供の言語指導・非行防止」という文言について、「ろうあ者の子どもは非行に走りやすいというのか」と反論がありました。

これについては、「みみずく」会員がきこえない人の家庭を訪問したとき、きこえる子どもが何かを訴えようとして噛みついてきたことがありました。言葉（音声日本語）で自分の気持ちを表現することができず、噛むという行為があったようです。

「みみずく」会員は、こうした背景に、一般的な子どもと比べて音声日本語の習得ペースが遅れ気味で、逸脱行為があるという意味で「非行」としました。この「非行」に、当時は問題視されることが多かった「不良少年」の意図はありませんでしたが、ろうあ協会ではこれを、まさに「不良少年」の意味に捉えたのです。

主にはこうした書記日本語の上での行き違いのほか、手話の意味上の理解の仕方に齟齬があるといった言語の違いからくる誤解ですが、個別的には多くのずれやすれ違いが起こっていたかもしれません。交流のなかできこえることときこえないことの行動様式や文化的差異を知っていく過程では、いろいろなことがあったのだろうと想像されます。

❽「みみずく」が果たした役割

「みみずく」は会の活動を通じて、手話でのやりとりが、きこえない人の理解につながることを示しました。

そして、音声言語を手話に換えるとき、きこえない人には手話を音声言語の文脈で理解する人と、手話文脈で理解する人があると整理しました。大まかな整理ですが、言語の理解の仕方はひとつではないと主張したのです。

これはすなわち、きこえない人に「伝え」、その「思いを読み取る」ためには、その人がどんな手話を使っているのかよりも、どんな言語で理解しているのかのほうが重要であることを示しています。

また、通訳を介して相対するきこえる人ときこえない人の、もっている情報の非対称性を指摘しました。きこえる人が当たり前にもっている情報が、きこえない人にはない場合があるということです。ここに生活上の問題が起こる要因があります。きこえない人への無理解と権利軽視には、情報の非対称性によって抱くきこえる人の優位性も関係しています。「そんなことも知らないのか」「どうせわからないだろう」などの偏見や差別的なまなざしです。

「みみずく」はこれらを踏まえて、手話通訳はきこえない人、きこえる人の双方にとって必要であることを明らかにし、きこえない人の生活、権利を守る役割があるとしました。

とはいっても、手話学習と手話通訳の区別はまだ明確ではなく、手話を学びながら手話通訳をせざるを得ない状況でした。

さらにまた、きこえない人との交流を通じて、時にはすれ違いながらも、ろうあ運動では協力し合いました。そして関わりを深めながら、きこえない人の生活問題をきこえる立場で考え、専門的な支援の必要性を訴えました。

「みみずく」が設立されて3か月後、1963年12月には、最初の機関紙が発行されています。「みみずく」設立のきっかけとなったNさんをはじめ、会員がそれぞれの思いを寄稿しています。

「ふだんから病人の人格は、ないがしろにされがちなものです。病気なのだから、という理由でいろんな不合理をおしつけられがちです。病人のくせに文句をいうな、とか病人のくせにぜいたくだ、とかいう言葉がそれです。耳の聞こえない人もこれと同じような不当な扱いをうけているのではないでしょうか。友達がつくれなくても、一人で外出できなくて困っても、耳が聞こえないんだから仕方がないじゃないか、で片づけられてしまう。これは一種の差別だと思うんです」

「ろうあ者の本当の苦悩を知らない私が、その未知の世界へ入り込もうとする事が、逆説的に考えるならば、ある意味での侮辱ではないだろうか」

「最初私は、ろう者にはろう者の世界があり、その中に私自身が入っていくことが非常に恐ろしく思えました」

「みみずく」設立のアドバイスと指導を行ったKさんも、次のように寄稿しています。

「ろうあ者の友となるグループに、何を期待していたのだろう。率直に言ってわからない。単純に手話を覚えて、耳の聞こえない人達の言葉の不自由さを知り、どういうように話をすればよいのかを考えて友達になってもらえれば良いのだが。手話に対する関心から耳の聞こえない人達に接していろんなことを知り、彼等に失望することなく又自分の考えをすぐおしつけることなくその原因をよく考えてよき友となってもらえればよい」

会員が手話通訳をするようになると、「みみずく」では「手話はどんな言葉なのか」「手話通訳のあり方」「手話通訳とは何か」などが議論されるようになりました。差別や偏見があり、きこえない人の権利が守られていない状況で、手話通訳はどうあるべきなのかは、「みみずく」での重要なテーマでした。手話学習や手話奉仕活動を重ねるなかで「手話でやりとりをすること」と「手話通訳をすること」

の相違が見いだされました。手話が理解できればやりとりは可能ですが、手話通訳をするためにはそれだけでは不十分です。音声言語を手話で表現する力、手話表現を日本語で表す力のほかにも、きこえない人の権利擁護や社会参加の意義を理解することが不可欠です。

手話通訳に関する課題は1974年に誕生した全通研に引き継がれていくことになります。家族やろう学校教師などの関係者ではない人が集団で組織的に手話を学び、手話通訳を行い、その経験から手話通訳はどうあるべきか、手話通訳のあり方やその専門性を考え、議論するようになったのは、「みみずく」の成果といえるでしょう。

「みみずく」の最大の特徴は、サークル組織として機能し、誰か個人が先導したものではないことです。集団で学ぶサークルという形態があることで、会員が減少しても、会員内の意見の対立やきこえない人の団体とのすれ違いがあっても継続することができました。そして、手話学習にとどまらず、きこえない人との交流やイベント、家庭訪問、ろうあ運動への参加を通じて手話を学んでいきました。

3 手話通訳のあり方の議論

❶「手話通訳はなぜ必要か」をめぐって

ろうあ協会主催のレクリエーションに「みみずく手話通訳団」の2人が手話通訳として参加したと

きの様子が1964年の「みみずく」機関紙に掲載されています。

「両君共、油汗を流しての大奮斗のかいもむなしく、一方通行の通訳のもよう。しかし、両君ますます手話の学習の必要を痛感して帰った」

手話通訳の技量が不足していても、努力を続けようとする会員がいました。手話通訳以前に手話の技量的能力の向上が課題だったのです。その後の機関紙でも、手話通訳の様子が伝えられています。

1967年2月の機関紙には「手話通訳のあり方」と題した寄稿が掲載されました。手話通訳をする機会が増えると、さまざまな課題がみえてきたのです。

「口話万能主義、過信主義的傾向の中にあってろうあ者の通訳をやることは非常な困難性がある。しかし、一概にろう学校の教師であって、手話の上手な、或いは通訳可能な人が必ずしもろうあ者に対して真の理解を以っているかと云えば案外、逆な方がおおい」

「云えないから、可愛そうだから、情けないからと云った意識で上から下への一方通行の独善的な通訳者がかなりいるのではないか」

「ろうあ者の自主性を、又、発言権を守るべきことを要求する通訳でも、実際はろうあ者を差別し、自主性を疎外し、発言権を不当に抑圧するという事態を招き、通訳者がろうあ者を指導する結果におちいる。このような通訳はろうあ者にとってはありがた迷惑であり、一般健聴者で手まねの上手な人達もこのような傾向が多いのではないかと思う。ろうあ者を批判して一般に云われる〈ろうあ者の排他性〉はこの健聴者への不信感が根強くあるからだとも云える。私達健聴者は先ず、手話を覚えようとする前に、各個人が自分なりにその目的をしっかりつかんでおかなければならない」

寄稿はこのように「手話通訳者にもきこえない人への理解がない人がいるのではないか」と批判し、その根源には、社会から疎外されてきたきこえない人の、きこえる人への不信感が根強くあると指摘しています。

1969年11月の機関紙には、「手話通訳はなぜ必要か」と題した寄稿があります。そこには、手話通訳の保障など、きこえない人の要望を伝えるため、ろうあ協会が京都府との交渉を行ったときに、「ろうあ者にとって手話通訳がなぜ必要なのか」という問いかけがあったことが書かれています。この問いは次のような認識からで、当時の社会が手話の必要性を理解していなかった証といえます。

「ろうあ協会のTさんやNさんについては、口話と筆談で通じるから手話通訳は不要で、このような口話や筆談ができるろうあ者を育てるのは教育の仕事であり、教育が進めば通訳はいらなくなる」

口話教育がすべてのきこえない人にうまく機能するわけではないことが理解されていません。この問いを受けて「みみずく手話通訳団」が議論しまとめたものが、次の3点です。

（1）手話通訳とは、音声語の文脈を手話文脈にかえて伝える（及びその逆の）仕事である。この場合、受信者であるろうあ者には、音声語の文脈で理解できる人と、手話文脈でしか理解できない人がある。

（2）通訳者の役割としては、①発信者（話し手）の話にできるだけ近い内容を伝えるという量的伝達の役割、②解説しながら伝達する役割、③教育・指導の役割、④相談者としての役割、⑤ろうあ者の要求を整理・組織する役割、などが挙げられ、その役割は、階層・要求によって複雑・多様であると言える。

（3）通訳者の任務は、①ろうあ者と一緒に、その生活・権利を守ること、②ろうあ者問題を直視し、学び、その運動の発展に参加すること、③他の障害者、さらには国民の民主的運動の発展に参加すること、④通訳者としての伝達技術（手話、指文字、筆談などいっさいの）を学び、高めること。

この提起は、京都の手話通訳活動の長い経験にもとづいてできあがったものであるとしています。

（1）にある音声語の文脈と手話文脈というのは、音声日本語を手話に変換するだけでは伝わらない人、思考も含め言語すべてを手話で行っている人がいるということです。

（2）では、手話通訳の役割に話の内容を伝えることがあげられています。また、教育、指導の役割、相談者としての役割が含まれているとなっています。

そして、「手話通訳者はなぜ必要なのか」という問いに対しては、次のことを理解していないとして3点をあげました。

(1)意思伝達とは、単にお互いの用件を知らせあうことに尽きるのではない。他方が言ったことに対して、すぐさま(間髪を入れず)応答・反論できるものでなければ、本当の意味での話し合いが成り立っているとは言えない。事実、ろうあ者は、通訳を入れることができなかったため、自分の賃金を決める場面においてさえ、充分な応答ができず、賃金を低く決められてしまうという苦い、身を切るような経験を幾度となくしてきている。

(2)発信者と受信者がいる場面は、いろいろある会議、座談会、講演会、対話など。そのとき、会場が広いとか、話し手が後ろにいるとかの場合には、いかに読話の上手なろうあ者でもお手上げである。つまり、物理的条件が通訳者を求める。

(3)聴える人は、その人のいる場の雰囲気や状況を、人の話し声や音によって自然とつかみ、心を落ちつけることができる。ろうあ者の場合にはそうではない。こうした場と、音や声によって結びつかないために不安にかられる。つまり、心理的事情が通訳者を必要とする。

さらに、これらに対しての意見も掲載されています。

「教育指導とはろうあ者に対してどうする事なのか」

「ろうあ者と一緒に、といっても具体的にどういうことなのか」

「手話通訳が必要かどうかを論ずる前に、ろうあ者の、僕たちの実際の生活をよく見ることが必要です。そうした中で、ろうあ者のさまざまな問題が、手話通訳の必要性と同時にどんどん掘り起こされるでしょう」

この機関紙の内容を踏まえてつくられたのが、のちに全国手話通訳問題研究会で伊東が提起した手話通訳論（原題「通訳論」。「日本聴力障害新聞」1968年7月1日付に「ろうあ者の権利守る通訳を／伊東」との見出しで掲載）です。

❷ろうあ者の権利を守る手話通訳を

京都の例を紹介しましたが、手話通訳者は各地で活動していました。それらの手話通訳の現場で感じる課題を提起、議論する場として、第1回全国手話通訳者会議が1968年、全国ろうあ者大会にあわせて福島県で開催されました。資料によれば参加者は71人でしたが、実際に手話通訳活動を行っていたのは全国でも20人程度だったようです。

人数は多くなくとも、全国各地でバラバラに活動していた手話通訳者が集団化したことで、手話通訳のあり方が本格的に議論されるようになりました。ここで提起されたのが伊東の「通訳論」です。

そして、1974年の第7回全国手話通訳者会議のあと、全通研が発足総会を開催し、初代運営委員長に伊東が就任しました。全通研は手話サークルとは別に、手話通訳に特化して研究する団体として活動するようになります。２０１０年には一般社団法人の認可を受けました。現在全都道府県に支部があり、1万人ほどの会員を擁しています。

ここでは、全通研の研究誌『通訳問題研究71』（２０００年）に資料として掲載された伊東の「通訳論」と、「高田・安藤論文」を引用します。

●通訳の必要性とその意義

伊東の「通訳論」は、「A．通訳の必要性とその意義」「B．通訳者の立場」の2項目から構成されています。

Aの通訳の必要性とその意義では、「なぜ手話通訳が必要なのか」という問いに答えることから始まっています。

きこえない人は、ろう学校で口話教育を受けているのだから手話通訳は必要ないはずだが、成人のきこえない人のなかには口話教育を十分に受けていない人もいるから、手話通訳が必要なのか、という疑問です（99頁も参照）。これは、口話教育が十分であれば手話は必要ない、という行政官の偏見にほかなりません。

伊東はこの問いに対して次のように述べています。

「時をおかぬ、直ちの反論や主張こそ、対面場面における平等な相互理解の方途であるからだ。

この意味で通訳活動こそは、対話や会議内容の即時的伝達路であり、ろうあ者がする発言や主張の原動力である」

「ろうあ者にとって通訳活動は、この人達が主体的に社会に生き、社会との連帯の中に生きるための、重要な役割を担う」

手話通訳の役割は、きこえない人が主体的に生きるためであり、そのためにはリアルタイムでのコミュニケーションを可能にする同時通訳であることが必要だ、としたのです。

たとえば筆談でのやりとりは、簡単な用件ならともかく、相手からのメッセージを受けて返す日常のコミュニケーション手段としては難しいものです。きこえる人にとっては声で話すことよりも手間がかかり、きこえない人にとっても手話で話すことよりも面倒であり、書記日本語の能力の個人差もあります。やりとりできる情報量も限られてしまいます。

●通訳者の立場

Bの通訳者の立場では、手話通訳技術以外に必要とされることや引き受ける諸条件を整理しています。

・通訳者は発言者の意識や思想内容を適確に把握しなければならない。

・通訳者は聴覚言語〈音声語〉と視覚による身振り語の変換性に習熟しなければならない。というわけで、通訳者はしばしば次のような困難と逢着《ほうちゃく》しなければならない。
①通訳を必要とする対象の集団や個人の言語的力量、興味や関心や思想に、どのように合わせて発言内容を伝達するか。
②また、ろうあ者の主張や発言をどのように引き出し、討議や対話の中味に位置づけていくか。
③そのために通訳者は自分の主張や発言の機会を失うことが多いし、書記的な記録はできない。

手話通訳者の課題についても、次のように指摘しています。

「言語力量の乏しい人の裁判通訳とか、非常に複雑な人間関係の織りなす問題の場合、単に手話の技術だけでは処理しきれなくなる」
「通訳活動の使命を離れて音声語による発言の側〈健聴者〉に片寄って、ろうあ者にそれをおしつけていく傾向が出てくる。通訳者は大ていが健聴者であることが一層この種の傾向に走り易い側面をもつ」

弱い立場にあるきこえない人に対して、手話通訳者が中立的に言語変換のみをしようとしても、それが「正しい通訳活動」にならないとしました。
伊東が述べた手話通訳者の役割（伊東は「使命」としています）を、少し長くなりますが、引用します。

「ろうあ者に対する通訳者の使命とは、単に健聴者とろうあ者の中立的交換手ではないし、まして権力者、支配者の末端に立つことではさらにない。健聴者一般を支配者、ろうあ者一般を被支配者とする見方は誤ってはいるけれども、時に私どもはこの誤った見方さえ諾《うべな》わねばならぬほど、ろうあ者に意見や行動をおしつけているのである。これではいけない。いうなれば、ろうあ者のための通訳活動とは、現在、客観的な事実として多くの市民的権利を与えられていないろうあ者の生活を守り、権利獲得の主張の側に立つことがその基本的な使命でなくてはならないのである。時にはろうあ者の権利意識を見守り育て、時にはろうあ者の要求や主張に学びながら音声語と手話の交換性を高めていくのがその使命でなければならないのである。そして、通訳の真実性とはこの限りにおいて評価され、意義を問われるべきであろう」

伊東は、きこえない人が差別的な扱いを受け、社会的不利な状況に置かれているのを目の当たりにし、きこえない人の権利擁護の必要性を実感しているからこそ、「きこえない人の権利を守る」べきと強調し、言語変換のみが役割ではないと主張しています。

そして手話通訳者が指導者的役割を引き受けることを警戒し、支援者であることを強く意識したものとなっています。

言語通訳というと、中立性を重んじるべきと考えてしまいがちですが、そうではないのです。きこえない人を含めた障害者へのまなざしが非常に厳しかった当時の、社会的背景を踏まえた視点といえます。

❸ 「高田・安藤論文」

伊東の「通訳論」はきこえる立場からの提起でしたが、きこえない立場からの手話通訳の役割や理念を論じたものが、「高田・安藤論文」といわれる「日本における手話通訳の歴史と理念」です。これは、全日本ろうあ連盟理事であった高田英一、安藤豊喜が1979年の世界ろう者会議に提出したものです。同論文は、きこえない人の立場からみた手話通訳の役割、手話通訳の理念を10項目に分けています。

第1の「手話の成立」では、フランスやイギリスに約100年遅れて京都盲唖院からろう教育が始まり、きこえない人が集団化したことで手話が発展したことを述べています。

そして、手話での教育から口話教育に転換したことについて次のように批判を加えています。

「手話教育の口話教育への転換は、単なる方法論の問題にとどまらない。その底流には手話に対する偏見、ひいては障害者蔑視の非民主的人間観が渦まいていた」

第2の「初期の手話通訳」では、通訳活動のなかに相談支援が含まれていたことを述べています。

「手話の使用がろう者に対する偏見を助長するなかで、少数のろう学校教師を中心とする社会活動家が、ほとんどの場合、自己犠牲的に手話通訳の役割を果していった。職業の紹介、離転職の相談、結婚の世話、財産相続、事業助言・ろう者子弟の教育への助言等々が、その通訳活動の内容であった」

加えて、手話通訳の保障については、次のように矛盾を指摘していました。

「公教育が教育手段としての手話を否定し、それも遠因となって、手話通訳を日常生活場面における公共サービスとして、したがって職業として公認するような制度的保障は、当時の日本にはなかった。

しかし、法律には刑事あるいは民事裁判にあたって、ろう者の弁論には手話通訳を立会わせることの規定がすでにあった。重要な、人間としての生活と生命、財産や具体的な諸権利に関する判断の下される法廷における通訳の保障は、法律において定められていたのである」

手話の使用が事実上禁止され、手話通訳も制度がまったくないにもかかわらず、刑事、民事裁判においては手話通訳を保障する規定がありました。公的には手話を認めていないのに、手話通訳を保障する、という奇妙な事態になっていたのです。

第3の「敗戦後のろう運動」では、まだ口話教育が継続し、ろう運動も本格的な要求運動にまだなっていないことを述べ、第4の「ろう運動の転機」で、手話サークル「みみずく」の誕生と、伊東の「通訳論」が提起された第1回全国手話通訳者会議を取り上げています。

伊東の「通訳論」に対する評価は次の通りです。

「結論的に客観的な事実として、多くの市民的権利を与えられていないろう者の生活を守りその権利の側に立つことが、手話通訳の基本的使命でなくてはならない、と主張したのである。この主張は、手話通訳の技術に先行する理念として、その後のろう運動と手話通訳活動の発展によって正しさが立証されていった」

第5の「日本における手話通訳の特質」では、戦後のろうあ運動がきこえない人の生活と権利の擁護をめざしたもので、手話通訳がこの運動を母体として誕生したことを「誇るべき特質である」としています。

第6の「手話通訳活動の前進」では、手話通訳の保障が公的な場では認められるようになってきたものの、日常生活上の保障とはなっていなかった1960年代から70年代にかけての状況を述べています。

第7の「手話サークルの成長」では、「みみずく」に対しての評価を述べています。

「この手話サークルの特色は、健聴者の障害者に対する保護者観、優越感を排除して、全く対等平等の立場で、社会的連帯をうたうことにある。(中略)実際の活動がこのとおりに行われたとは言えない。しかし、ろうあ者の権利をある時には正しく、ある時には過度に主張し、ろうあ協会と時として意見の衝突をくり返す試行錯誤を重ねながら、次第に成長し、今日まで幾多のすぐれた活動家を育ててきた歴史は高く評価される」

ここでは、「みみずく」が目的に掲げた「ろうあ者の友となり」を、「実際の活動では必ずしもなっていない」としながらも評価し、「時には対立がありながらも優れた活動家を育てた」としています。手話サークルは現実的には手話通訳者を輩出していましたが、手話通訳を育てる場ではないことを、きこえない人も理解した上でともに活動していました。

第8の「ろう者の権利を守る手話通訳」では、次のように対等な関係にある異国間の言語変換とは異なることを指摘しています。

「手話通訳は、その言葉からして外国語通訳と同次元で理解されやすいが、この理解は明らかに誤りである。このような理解にもとづく手話通訳論は、個々の通訳場面における通訳技術の巧《こう》拙《せつ》にその終着駅を見出す技術論の枠をこえることが出来ない。これは手話通訳にかかわる任務の特小化に他ならない」

第9の「手話通訳の理念」では、伊東の「ろうあ者の権利を守る」はひとつの理念であるとしながらも、「誤解を回避するために」として追加で次のように述べています。

「この理念を画一的に単純化して、ろう者の保護者として手話通訳を理解することがあれば、それは誤りである。それは、ろう者の社会的自立、いいかえると、社会的行動の自由の獲得のための協力者であり援助者であるとすることが正しい」

第10の「新しい発展の方向」では、手話通訳者に対して、「すぐれた手話通訳技術者であることに先立って、すぐれた社会活動家であるべきである」と、きこえない人の社会的自立のための条件整備に活動する希望を述べています。手話通訳者への、きこえない人からの大きな期待がうかがえます。しかし、この論文が発表された1979年は、手話奉仕員派遣制度や手話通訳の派遣制度が始まったばかりで、全国的にはまだ整っていない状況でした。

❹ 現代にこそ必要な視点

伊東の「通訳論」では、手話通訳の必要性を論じるところから始めなければなりませんでした。きこえる立場から「ろうあ者の権利を守る」という手話通訳の理念が生まれ、いまも継承されています。一方の「高田・安藤論文」は、きこえない立場から、どんな手話通訳を求めているかが書かれています。手話通訳のニーズが拡大しつつあるのに、手話通訳者が増えない、手話通訳者の雇用も急速には進まないという現状がありました。

手話が社会的に浸透していくと、言語通訳としての側面、つまり手話通訳技術が強く表れていくようになりました。言語であるということだけが先行して、手話通訳の言語変換が強調されるようになります。

初期に行われた手話通訳のあり方の提起やその後の議論が、権利擁護や支援を手話通訳の役割として打ち出していたことを、言語変換に偏向しがちな現代にこそ、見直す必要があると思います。

4 手話通訳に関わる制度

❶ ろうあ運動が求めたもの

手話通訳に関わる制度は、手話通訳の保障を要求するろうあ運動を受け、少しずつ整備されていったものです。

ろうあ運動では当初、手話のできる福祉司を求めています。１９４９年の身体障害者福祉法において、福祉事務所の設置と社会福祉司の配置が定められました。社会福祉司は、福祉に関わる相談員です。でも、きこえない人たちはきこえる社会福祉司と話ができません。手話で相談ができる相談員を求めたのです。

「ろうあ者のための専任福祉司を」「手話のできる福祉司を」「障害別の福祉司を」など、文言は多少変化しましたが、1967年まで、毎年開催される全国ろうあ者大会のスローガンとなっていました。手話通訳の保障を求めるものではなかったのです。そのスローガンは、1968年から「あらゆる公共機関に手話通訳を」に変わっていきました。同年は第1回全国手話通訳者会議が行われた年でもあります。手話通訳者を行政、特に自治体が雇用、設置することを求めるものでした。

しかし、すぐには実現せず、手話通訳者ではなく手話奉仕員という資格の養成制度から始まることになりました。この手話奉仕員制度の導入に際して、「みみずく」に旧厚生省から照会がありました（87頁参照）。

都道府県への補助事業として、1970年に手話奉仕員養成事業、1973年には手話通訳設置事業、1976年から手話奉仕員派遣事業が開始されました。手話通訳に関わる法制度が少しずつ整備され始めたのです。

もっとも、いずれも国の補助事業で、地方自治体が補助基準額の範囲で複数の事業を選択するメニュー事業であったため、実施義務はなく、地域間の格差を生むことになりました。

たとえば、京都市では1969年に地方自治体の単独施策として手話通訳者を採用しています。ほかにも独自に手話通訳者の設置を始めたところもありましたが、正規職員として採用するところはほとんどなく、嘱託職員などでの採用でした。

手話奉仕員は、その名称からもわかるように、ボランティア性が強く、奉仕員（実質的には手話通訳を行っていたようですが）の意識もボランティア的で、専門職性の問題がありました。責任の所在の問題も指摘されるようになり、手話奉仕員ではなく手話通訳者の養成事業が各地域で始められることになります。

のちの手話通訳派遣事業は、障害者総合支援法にもとづく地域生活支援事業の必須事業に含まれているにもかかわらず、その実施率は2010年でも74・0％（厚生労働省調査）でした。翌年に報告された全日本ろうあ連盟の調査では、都道府県の同事業実施率は43・6％、同じく市町村は89・5％です（全日本ろうあ連盟、2011年）。都道府県の実施率が市町村と比べて低いのは、同事業が主として市町村実施で、都道府県が行う手話通訳派遣は地域をまたぐ場合などに限られるためと考えられます。

手話通訳の要求運動は、きこえない人にとっては、「知る権利」の要求運動でした。さまざまな情報、コミュニケーション、社会参加から疎外されてきたきこえない人が、「知りたい」と声を上げたのです。教育の場では手話を禁じ、口話教育が行われているなかで、いまだ十分とはいえないまでも、手話通訳の保障や手話通訳者の制度が進んでいきました。手話を言語として扱っていない一方で、実質的には手話を言語として認めているからこそ、手話通訳の要求に応えざるを得なかったという行政側の矛盾が露呈されています。

❷ 手話通訳に関わる最初の制度——手話奉仕員養成事業と手話奉仕員派遣制度

手話奉仕員は、1970年に国の身体障害者社会参加促進事業の補助事業として、手話奉仕員養成事業が実施されたことから始まりました。実施要綱によれば、聴覚障害者と日常的に関わり支援をするものであり、養成対象者は「福祉に熱心な家庭の主婦等」となっていました。手話通訳者の養成ではなく、手話のできるボランティアの養成が目的でした。

１９７６年からは社会参加促進事業が拡充され、手話奉仕員派遣事業が開始されました。手話奉仕員は手話通訳を担うとの明記はされていませんでしたが、きこえない人と関わるなかで、実質的には手話通訳を行っていたようです。たとえば、きこえない人といっしょに買い物に行き店員とのやりとりを通訳するなど、日常生活を支援する手話通訳でした。

手話奉仕員養成事業は、現在では、障害者総合支援法にもとづき実施する地域生活支援事業の必須事業である意思疎通支援事業のひとつとなっています。

例として京都市手話奉仕員養成事業実施要綱を見ると「この事業は、身体障害者の福祉に理解と熱意を有するものに対し、聴覚障害者のコミュニケーション手段である手話の指導を行うことにより、手話奉仕員を養成し、聴覚障害者の家庭生活、社会生活上のコミュニケーションの確保を図ることにより、聴覚障害者の福祉の増進に役立てることを目的とする」とあります。養成対象者は「聴覚障害者福祉に理解と熱意を持つものであって、今後福祉活動を行うことが可能な市内に居住、又は、通勤、通学する者とする」となっています。

手話奉仕員養成講座を修了したあとは、手話のできるボランティアとして活動することになるわけですが、手話通訳をめざそうと考える手話学習者は、手話通訳者養成課程に進みます。手話通訳ではなく、手話の会話技術を磨きたいという場合は、手話検定などをめざす人が多いようです。

１９９８年に厚生労働大臣通知で定められた「手話奉仕員及び手話通訳者の養成カリキュラム等について」では、手話奉仕員は、入門課程35時間、基礎課程45時間の合計80時間の受講と定められています。

手話奉仕員養成講座で学ぶのは、まずは手話にこだわらずに物の形や感情を表現してみること、つまり見る言葉としての手話を認識することです。続いて自己紹介、家族紹介の表現、数字の表現と、日常場面で使う手話単語と日常会話でよく使う手話表現を学びます。

実技の手話学習と並行して講義学習もあり、「手話の基礎知識」として「言語について」「手話の歴史」「障害者福祉の基礎」「ろうあ運動について」「ボランティアについて」などを学ぶことになっています。

❸ 認定（登録）手話通訳者の制度

１９８９年の身体障害者福祉法の改正で同法に、手話通訳者の派遣等を含むコミュニケーション支援制度が明記されました。１９９５年には市町村でも社会参加促進事業が始まり、市町村を中心とした手話通訳者の設置・派遣制度の充実が図られました。しかし、実施主体が市町村であり、メニュー事業でもあったことから、地域ごとに実施状況が違っていました。

その後、「手話奉仕員及び手話通訳者養成カリキュラム」が実施されるようになり、技術レベルの一定化が図られるようになりました。２００１年からは社会福祉法人全国手話研修センターが「手話通訳者全国統一試験」を開始し、都道府県や政令市等の試験実施団体（聴覚障害者福祉協会等）がこの試験を採用するようになりました。

この試験の合格者を手話通訳者として登録する形態が広まり、大阪府など一部を除いて「手話通訳者全国統一試験」による手話通訳者の認定、登録が行われるようになりました。

大阪府など一部の地域では独自の試験を実施しています。手話通訳者の制度の実施主体が国ではなく、地方自治体や地域の聴覚障害関係団体であるためです。それぞれの地域の考え方や手話の地域性があるということです。

手話通訳者になるには、手話通訳者養成課程を終えた人、もしくは同等の知識、技術を有する人が手話通訳者全国統一試験、あるいは自治体等が実施する試験を受験します。それに合格して、受験した都道府県政令都市等に登録すると、そこで「登録（認定）手話通訳者」として活動ができることとなっています。

「手話通訳者全国統一試験」は、登録（認定）手話通訳者として必要な知識及び技能を審査するため、筆記及び実技試験の問題、採点基準、合否判定基準及び具体的実施方法等について全国手話研修センターから提供を受け、各都道府県、政令都市等の試験実施団体（聴覚障害者福祉協会等）がそれにもとづき実施しています。

手話通訳者全国統一試験を受験するためには、原則として手話通訳者養成課程（講座）の受講が必要となっています。この養成課程は現在、手話奉仕員と同様に、障害者総合支援法にもとづき実施する地域生活支援事業の必須事業である意思疎通支援事業として行われています。養成講座の課程の内容、時間は「手話奉仕員及び手話通訳者養成カリキュラム」で定められ、基本課程35時間、応用課程35時間、実践課程20時間の合計90時間の講座を修了後、同試験を受験できることとなっています。

ほかの要件を設けている自治体もありますが、手話通訳者養成講座の受講に先立って、手話奉仕員養成講座を受講することが必要となっている地域が大半です。

つまり、登録（認定）手話通訳者として活動するためには、基本的には、手話奉仕員養成課程の80時間と、手話通訳者養成課程の90時間の合計170時間の課程の修了後に、手話通訳者全国統一試験等に合格する必要があります。

手話通訳者全国統一試験の合格発表は、試験を提供している全国手話研修センターではなく、各都道府県、政令都市等の試験実施団体がそれぞれの地域で行っています。ホームページに掲載する地域もありますが、個人に知らせるのみという地域もあるようです。

発行する機関紙に地域内の合格者名を掲載する当事者団体もあります。地域生活支援事業ですから、それぞれの地域によって施策の実行方法にばらつきがあります。地域の実態に即しているとはいえ、全国一律ではないため少々わかりにくくなっています。それぞれの地域がどうなっているかは、ホームページなどで調べてみないとわかりません。

手話通訳者全国統一試験には筆記試験と実技試験があります。2022年度「手話通訳者全国統一試験の手引き」によれば、筆記試験は「手話通訳者に必要な基礎知識」と「国語」で、あわせて100分です。

実技試験は、「場面通訳試験（場面における聞き取り及び読み取り通訳）」が1問です。「ろう者ときこえる人の会話場面が映像で約4分間流れます。ろう者ときこえる人の会話場面を通訳して下さい。出題内容は、相談、医療、労働、文化活動等に関する問題とします」となっています。

❹ 手話通訳士制度

「手話通訳士」は試験のみが実施されている公的資格です。裁判などの高度な手話通訳を行う際には、原則としてこの資格が必要となっています。

先の登録（認定）手話通訳者の制度は、地域で認定され、その地域で活動するための資格制度です。それとは別に、１９８１年、全日本ろうあ連盟が「手話通訳の制度化についての要望」を厚生大臣（当時）に提出したことで、この手話通訳士制度につながりました。

この要望は、①国家試験認定（検定）制度による資格の確立、②有資格者公務員の福祉事務所その他公共機関への配置、というふたつの要望と、その実現のために必要な事業と予算についてでした。手話通訳の必要性が国会でも議論され、１９８２年に旧厚生省委託事業により全日本ろうあ連盟が受けた「手話通訳制度調査検討委員会」が設けられました。この委員会が発行した１９８５年の「手話通訳制度調査検討報告書」で、手話通訳士（仮称）が提言されています。

続いて１９８６年、手話通訳認定基準等策定委員会が設置され（旧厚生省委託事業により全日本ろうあ連盟が受託）、１９８８年に同委員会による「『手話通訳士』（仮称）認定基準等に関する報告書」がまとめられました。

１９８９年には、手話通訳士試験を実施する法人として旧厚生省が社会福祉法人聴力障害者情報文化センターを認定し、第1回の「手話通訳士試験」が実施されました。正式には「厚生労働省公認手話通訳技能認定試験」といいます。

この「手話通訳士」は、身体障害者福祉法を根拠に、厚生労働省「手話通訳を行う者の知識及び技能の審査・証明事業の認定に関する省令」が定める公的資格です。手話通訳士試験に合格し、社会福祉法人聴力障害者情報文化センターに登録することで「手話通訳士」を名乗ることができます。つまり、国家資格化をめざしてつくられた資格です。

手話通訳士試験にも、筆記試験（学科試験）と実技試験があります。「厚生労働大臣公認 第34回（令和5年度）手話通訳技能認定試験（手話通訳士試験）『受験の手引』」によれば、学科試験が「障害者福祉の基礎知識」「聴覚障害者に関する基礎知識」「手話通訳のあり方」「国語」、あわせて210分の試験です。

実技試験は、「聞取り通訳試験」（音声による出題を手話で解答）が2問と、「読取り通訳試験」（手話による出題を音声で解答）が2問です。

受験資格は「20歳（受験日の属する年度末までに20歳に達する者を含む）以上の者」となっています。この点、手話通訳者養成課程（講座）の修了が必要な「手話通訳者全国統一試験」とは異なります。

地域で手話通訳者として活動するためには、認定（登録）手話通訳者であることが必要であり、必ずしも手話通訳士資格が必要とはされていません。ただし、社会福祉法人東京聴覚障害者福祉事業協会が運営する東京手話通訳等派遣センターなどでは、派遣する手話通訳者の資格要件に手話通訳士の資格が含まれています。

行政区により異なりますが、東京都では手話通訳派遣を東京手話通訳等派遣センターに委託または斡旋しているところが多いようです。行政区によっては、区内に手話通訳等派遣センターの設置がある地域や、区が手話通訳派遣を担っている地域、社会福祉協議会が手話通訳派遣を担っている地域もありますが、多くの行政区では、東京手話通訳等派遣センターも併用できることになっています。

ほかの地域でも、手話通訳派遣を担当しているところはさまざまで、行政（福祉事務所など）が行っている地域もあれば、聴覚障害者関係の法人に委託して行っている地域、社会福祉協議会が行っている地域もあります。手話通訳派遣の形態も、地域によって違うのです。

手話通訳士が行うべき手話通訳として「裁判等法廷における手話通訳や行政の記者会見などでは手話通訳士が手話通訳を行うことが望ましい」とするガイドラインが２００９年、全日本ろうあ連盟、全国手話通訳問題研究会、日本手話通訳士協会によって作成されています。

手話通訳技能認定試験（手話通訳士試験）の合格者数は、社会福祉法人聴力障害者情報文化センターのホームページで公表されています。合格率は高くても十数%と、難関試験になっています。

手話通訳士試験に合格しただけでは手話通訳派遣事業の手話通訳者として登録することはできません。各都道府県、政令指

表　手話通訳技能認定試験（手話通訳士試験）合格者（過去５年）

年度	回	受験者数	合格者数	合格率
2019	31	1,100	121	11.0%
2021	32	1,071	103	9.6%
2022	33	1,097	146	13.3%
2023	34	1,041	127	12.2%
2024	35	1,076	59	5.5%

※2020年度はコロナ禍のため未実施

出典：社会福祉法人聴力障害者情報文化センターホームページより作成
https://www.jyoubun-center.or.jp/slit/exam/data/、2025年2月25日閲覧

定都市等の聴覚障害者関連団体によって異なりますが、「手話通訳者養成課程修了者と同等の知識及び技術を有する者」が手話通訳者試験の受験資格者となっている地域では、手話通訳士試験合格者がこれにあたるとされています。手話通訳士の資格があれば、手話通訳者養成講座を受講することなく、手話通訳者試験を受験できるということです。

※本書では、「手話通訳者」を、特に指定がない限り、資格の名称としてではなく、手話通訳をしている人として捉えています。「手話通訳者」は、手話通訳制度の開始前から手話通訳をしている人をさす言葉でもあるからです。

第3章
手話通訳者

1 手話通訳者の現場実践から

本節のインタビューでは、手話通訳者が手話通訳の現場で行ってきた実践を、自身の視点で語っています。これは、福祉の現場や手話通訳者の学習で行われる、情報共有や問題解決を目的とした事例検討ではありません。手話通訳者の思いや経験を掘り起こすことが目的です。

質問として準備した項目は、①どうやって手話やきこえない人と出会ったか、②どうして手話通訳者になったか、③手話通訳の経験で印象的だったこと、④きこえない人への思い、の4点です。厳密に固定したわけではなく、話は豊かに広がっていきました。

なお、インタビューは手話通訳者の守秘義務を順守して行い、個人の特定につながる事項の掲載は控えています。

❶ 手話通訳者へのインタビューの概要

よりよい手話通訳者になるためには、不断の学びと経験の積み重ねが不可欠です。しかし、手話通訳の多くは手話通訳派遣という形で行われ、雇用労働ではありません。雇用労働者として手話通訳を行うのは、公務員（手話通訳専門でない場合が多い）、きこえない人のための専門職を設けている地域の社会福祉法人等、福祉事務所等の設置通訳者としてそれぞれ採用された場合などです。

原則として、手話通訳に派遣されるのは登録(認定)手話通訳者です。手話通訳派遣の調整元から依頼があって初めて手話通訳に行くことができます。定期的な手話通訳派遣は少なく、単発での手話通訳依頼が多くを占めています。

手話通訳者には守秘義務があるため、地域での個別的な手話通訳の活動内容は記録しにくいものになっています。手話通訳の報告として、手話通訳者が手話通訳の派遣元機関に提出する記録はありますが、手話通訳者がそれを共有することはありません。

しかし、手話通訳者の経験は、手話通訳者が対応してきた支援の堆積《たいせき》でもあります。記録に残されなかった手話通訳者の思いを掘り起こしていきたいと思います。

手話通訳場面の一つひとつは日常の暮らしのなかにあります。なかには生命に関わることもありますが、多くの場合は特段の問題なく終えることでしょう。

きこえない人の置かれた状況や、社会からの差別的なまなざしは、ろうあ運動が権利保障、権利獲得を進めてきていても完全に消えるものではありません。きこえない人が自覚する問題もあれば、きこえない人は気づかなくても、手話通訳者が気づく問題もあります。

インタビュー対象者は、手話通訳としての活動期間が長く、手話通訳経験も多い人たちです。手話通訳の活動期間は短くても7年、長いと20年を超える、いわゆるベテランの手話通訳者です。

表　調査対象者の年代(インタビュー調査当時)

Aさん	Bさん	Cさん	Dさん	Eさん	Fさん	Gさん	Hさん	Iさん	Jさん
60代	40代	60代	50代	60代	60代	50代	50代	50代	60代

インタビューは2011年7月から2014年11月にかけてそれぞれ個別に行いました。対象者には筆者が個別に依頼し、いずれも口頭と文書で研究目的および個人が特定されないように配慮することを説明して了承を得ています。本書で紹介するのは10人ですが、ほかにも多くの手話通訳者の協力があり、継続的に聞き取りを行っています。

この10人のうち、手話通訳士は7人です。地域で手話通訳者として活動するためには、登録（認定）手話通訳者であることが必須ですが、手話通訳士資格は必ずしも必要ではありません。そのため、「手話通訳士試験は受験しない」「受験したことはない」という回答もありました。

❷ どうして手話を学んだのか

手話通訳者となる前の、手話やきこえない人と出会うきっかけには、①何かやりたいと探した、②子どもを通じての出会い、③きこえない人が家族にいる、という傾向がありました。

42、3歳の頃、女性の社会進出がいわれ始めた。下の子どもが小学6年になり、少し手が離れた。女性が家にいること、子どもだけのために生きることが否定され始めた頃だった。自分の意識のなかにそういうことが入ってきた。専業主婦だったので、これでいいのかと焦った。新聞などを読んで、これからの生き方として外に出るのではなく、自分で勉強できるのではないかと思った。職業意識はあまりなかった。経済的に苦しかったので、友禅の内職をしていた。自分で何かできることはないかと探したとき、習いごとではお金がかかるし、自分の体を持って行って何かできないかと思っていると、市民新聞に手話講座が載っていた（Aさん）。

ここでの手話講座とは、手話奉仕員養成講座のことです。手話奉仕員養成講座終了後、手話サークルに入り、手話通訳者養成講座に通うという、共通の流れがみられました。（Aさん、Bさん、Hさん、Iさん）。②の、子どもを通じての出会いは、子どもの同級生の親がきこえない人だったなどの、身近なところにきこえない人がいたか、手話サークル関係者が近くにいたというものでした（Cさん、Dさん、Eさん、Fさん、Gさん）。

子どもを連れて公園に行くといろんな人と知り合うじゃないですか、今でいうママ友って。そういうので「手話サークル行ってるけど、今だったら間に合うよ、来ない？」って言われて、誘われたんですよ。最初にきこえない人が何人かいて、同じように子どもを連れていて、保育園に預けている人もいたし。その人も赤ちゃんをだっこしていて、「その子、男？　女？」って。親指と小指を立てたら、すぐわかりますよね、手話じゃなくても、男か女か。で、男、って言って。それが初めての会話。なんか、すごいわかった、みたいな。それの瞬間は結構覚えてますよね。それで伝わる、っていう楽しさ（Cさん）。

Jさんは、コーダ（親がきこえない人）です。生まれたときからきこえない人や手話に囲まれていましたが、子どもの頃は手話をほとんど使っていませんでした。祖母が同居していたのでしゃべりたいことは祖母と話し、父母とは「お菓子ちょうだい」「これ買ってほしい」くらいが伝わればよく、手話を学ぼうとは思わなかったそうです。

祖母からは「おとうちゃんもおかあちゃんも耳きこえへんし、うしろ指差されんようにおまえがちゃんと育たなあかんで」といつも言われていました。Jさんが手話を改めて学ぶようになったのは、手話サークルの行事に誘われたことがきっかけでした。

別に周りにきこえへん人がいるわけでもないのに、なんで、みんなから変な眼で見られる手話を勉強しようとしたはるんやろう、不思議って、むちゃくちゃ思って、そこで、やっぱり手話を使ってる父や母を見て、一生懸命勉強しようとしてはるんやね。父や母のことを変やって思わはらへんのや、この人たちはって思って。ほんでなんか、居心地がよくなって（Jさん）。

Jさんの言葉からは、手話やきこえない人が変な目で見られていたことや、周りにきこえない人がいるわけでもないのに手話を学ぶ人がいることへの驚きがうかがえます。

インタビュー対象者全員に共通しているのは、手話を始めたときから手話通訳をめざしていたわけではなく、ただ手話で会話することを楽しんでいたということです。手話講座に通ったAさんも、子どものつながりできこえない人と知り合ったCさんも、きこえない親をもつJさんも、それぞれ手話サークルに通っています。

きこえない人との会話を楽しみながら手話を学ぶ場として、手話サークルが機能していました。手話サークルの会員は基本的にきこえる人ですが、講師や助言者としてきこえない人の参加があり、地元の当事者団体（ろうあ協会、聴覚障害者協会など地域によって名称が異なる）との合同行事やろうあ運動への参加を通じて、きこえない人との関わりを深めていきます。

❸ どうして手話通訳者になったのか

手話通訳者養成講座に通い、手話通訳者試験を受けて手話通訳者となりますが、２００１年の手話通訳者全国統一試験の実施以前はさまざまでした。地域の聴覚障害者協会などが独自に手話通訳者の試験を行うケースもありました。

地域では通訳が足りず、新しい人を通訳現場に連れて行き、勉強してもらっていた。当時は、登録通訳制度は試験ではなく、推薦というか、ろうあ者の紹介で登録できた。通訳に行くようになったのは手話を始めて6年後くらいから。ベテランの人といっしょに行き、自分が5分してベテランが20分するくらいだった（Bさん）。

通訳活動は10年ほど。その前はサークルに12年ほど通っていただけ。最初に知り合ったろうあ者に認定通訳試験を受けるように言われて受験、合格した後に通訳活動を始めた（Aさん）。

通訳も少なかったので、4年目で通訳活動を始めました。今から考えたらとんでもないことですよね。いろんな方にご迷惑をかけました。ろうの方に（もう）試験を受けてもいいって言われても、それはあくまでも、まあいいかくらいのもので。いないから仕方がない感じですよね（Gさん）。

最初はサークル。サークルに通いだして、その後講座へ。手話通訳者になったのは、手話を始めて4年目。きこえない近所の人とちょっと話せればいいと思っていたくらいだったが、行事などに行くと舞台で手話している人を見たり、手話通訳者が足りないという話をきいたりして、私でもできるかなとだんだん気持ちが変わっていった。元々は仕事としてあるとは知らなかった（Eさん）。

登録（認定）手話通訳者の制度が現在の形になる以前から手話通訳をしている人には、通訳者になるように、あるいは当時の通訳者試験の受験を、いずれもきこえない人が勧めていたようです。手話通訳者になりたいという強い意志があったわけではありません。「必要だったから通訳者になり、次の人につながっていくみたいな」（Cさん）形だったようです。一方で、「自覚的に手話通訳をやりたいと感じたのは阪神・淡路大震災のときだった」と、きっかけの話も出てきました。

その頃、サークルにも休みがちで行ってないし、そんなときに私、手話できますっていったって何にもできひんやんって、もう、ものすごいショックやったの。今までのその、5年6年と来てて、サークルに来てるだけで満足してたのに、なんにも役に立てへんって。めちゃめちゃショックで。

それから気持ちを入れ替えて、毎週サークルに通うようになった。ろうの人といっしょにやるっていうのがね。今度、もし、何かが起こったら、自分が役に立てるような何かを身につけたいと思って。私には、それが通訳元年（Iさん）。

きこえない人や手話に関わり始め、手話を学んで話すようになり、やがて手話通訳者となっていきます。

手話を学び始めてから手話通訳者になるまでの期間については、個人差が大きく、短い人で3年、長い人だと10年以上ありました。とはいえ、手話通訳者として活動していなくても、手話サークルの行事などで簡単な手話通訳を担っていたり、きこえない人に頼まれて個人的に手話通訳をしたりしたことがあるようです。

あるとき、サークルのろうあ者に簡単な通訳を頼まれていっしょに行ってみたら、意味を伝えることができた。私にもできることがあると思えた。手話はできなくても自分にできることからやればいいと思い、ほかの活動にも参加し始めてそれが今でも続いている。相手は手話のできない私でも受け入れてくれた。知り合ったろうあ者の子どもが大きくなってきて、といった長いつき合いが続いている（Aさん）。

お互い子育てが大変だったけど、きこえない人も同じような、ちょうど同じ年代で、同じ時期に子育てのことを話したり、きこえる者同士がしゃべるような会話をしていっしょに育て合った（Cさん）。

教えてくれたというか、できない私を待っていてくれた（Hさん）。

きこえない人に手話のできない自分を受け入れてもらったという話が3人からありました。きこえない人との長いつき合いがあり、個人的な関係があることが、手話を続けている理由になっているようです。

④ 手話通訳での差別的な経験

手話通訳の経験の話で特徴的だったのは、手話通訳をしたことではなく、きこえる人の言葉や対応であったり、きこえない人の家族との関係性であったりしたことでした。そこには、障害者差別や偏見があり、手話通訳者は、時には怒り、時にはつらい思いをしながら手話通訳を行っています。

最も多かったのは病院での通訳場面で、とりわけ医師の言葉や態度にどう対処すべきなのか、ということでした。医療場面の手話通訳は手話通訳の依頼で最も多いものであり、手話通訳者にとっても印象に残ることが多いようです。

医者から「この人はいつもこんなんなんやから」みたいな。「わざわざ遠くから連れて来んでも、自分でできるようにしとかなきゃいけない」みたいな感じで、通訳がなくても自分でできるようにしなくちゃいけないとかって、その人をほっといて、私がこんこんと説教されたりとかね、ありましたよ。「はいそうですか」ってひたすらきいときました（Cさん）。

医師が「通訳しなくていい」という場面でも、「通訳しなくていいと言われている」と通訳する。通訳しか見ない場合は、そうですよねとろうあ者に同意を求めるようにする。家族と間違われないように「通訳です」と言うようにしている（Bさん）。

絶対、ろうの人は見てはるし、わかるから、「通訳せんでいい」って言われるのは顔にでてるし。「ごめんなさい、もう言ってしまいました」って言う。今、通訳しなくていいって言っているわって通訳する。やっぱり全部言ってあげないとね。気づいてない人もいるしね。気づいてもらうようにいろいろしてたら（医師に）おかしいと思われるし。そう思ったら難しいよな、通訳って（Jさん）。

医師の言葉や態度への対処に手話通訳者が苦慮する様子がよくわかる話です。とはいえ、「医師が通訳しなくていいと言っている」と伝えられても、きこえない人がその場で抗議するのは、やはり難しいと思います。それが差別的な言葉だとすぐに判断することも難しいでしょう。医師は手話通訳者に向かって話していて、きこえない人に向かって話しているわけではないのです。

Gさんは、きこえない人に「怒ってよいか」と確認した上で、医師に対して抗議したことがあるそうです。手話通訳者が抗議することとは、通訳行為からは逸脱したものですが、きこえない人への無理解や偏見と対峙するとき、きこえない人の権利擁護を考えた上での行動をとることもあったのです。

手話や手話通訳の存在は社会に受け入れられていくにつれ、無理解や偏見は減ってきていると考えられますが、不快な経験として強く残っていることがわかります。

⑤ 手話通訳場面でのしんどさ、つらさ

手話通訳の経験でつらいこととして多かったのは、家族に関わる手話通訳でした。きこえない人の家族は、Jさんのように、子どもの頃は手話をほとんどしていなくても、長じて手話通訳者になる人もいます。しかし家族のなかできこえない人は1人だけで、きこえる家族に手話への理解がない場合もあります。

特に手話が社会に広まっていなかった時代には、きこえる親ときこえない子どもの家族の場合、親が手話を覚えることはなく、家族間の会話は口話や簡単な身振り程度で行われることが多かったようです。

きこえない子どもがろう学校に入学すると、小学部の頃から寮で生活することも多く、自宅で家族と生活する期間が短くなります。日常的なコミュニケーションが薄い家族関係が形成され、家族間の会話に手話通訳が入らないとお互いの意思が伝わらないということもありました。

通訳者としてしんどいのはプライベートに踏み込まないといけない場面があること。家族は手話ができないことが多く、結婚の話などでケンカになる場面でも通訳をしなければならない。「きこえないくせに」などいわれるのをそのまま通訳しなければならないのかと思う（Aさん）。

家族でいうと「こんな親、死んでほしい」っていうのを通訳するかどうか、ほんと、あれやね。プライベートすぎる通訳がつらい。兄がろうで弟は手話ができない、兄は手話を覚えてほしいけど、弟は「兄がこんなんで」って言ってる。親が死んでほしいっていったのは、通訳はしなかったけど、ちゃんとわかってはった。言葉としてそうでも、本当に言いたいことと違う。本当に言いたいことでなくても言葉として言ってしまったら、ゆるぎのない事実としてお互いのなかに残ってしまうことってあるじゃないですか。そんなことは見たりきいたりしたくなかったかもしれない。やっぱり正解はないなあ、おそろしいなあ（Gさん）。

通訳者は、家族関係をどう調整すべきかで苦慮しています。言葉通りに通訳してしまえば関係が壊れ修復できなくなるのではと恐れ、どこまで通訳するかで悩みます。Gさんのように正解がないとしながらも、通訳者の判断がその後の家族関係に影響してしまう怖さがあります。

家族でありながら通訳を介さないと会話ができないケースがあるのは、手話やきこえない人への社会的な偏見が家族にも影響していることであり、口話教育の弊害ともいえます。

三者面談なんかだと、よく知ってる人で手話は全部わかる。で、こっちの手話も全部わかってくれる関係やけど、言葉の変換のときに子どもがいて、子どもがややこしい年齢やったら、むちゃくちゃね、思われてる。本人も通訳なんか、なんて変えてるのかって思うやろうし。あとでお母さんとしゃべれたらいいけどなあ（Jさん）。

通訳でやりにくいと思ったのは学校の面談。通訳として難しいのとは違う。親がきこえなくて、きこえる子どもがいる。はっきり言われているのをそのまま通訳すべきか。普段関わりのないろうあ者だと細かいニュアンスがわからないことがある。たとえば、学校から家まで子どもの足で10分くらいなのに30分かかっている、なぜかと親が先生に詰め寄っているような場面。言い方ひとつで変わってくる。先生に失礼にならないように常識的な言葉をかぶせて、ぎりぎりの通訳をするが、娘は、親はそんなこと言ってないという顔をしている。でも、難しい年頃の娘は親の言うことはわかっているが、自分のことなのでだまっている（Bさん）。

きこえない人ときこえる人との関係性を考えて対応しようとすると、そばにいる家族から批判的な目で見られる例があげられています。手話がわかる子どもは手話通訳者が親の手話をどう通訳するのか、先生の言葉をどう手話で表現するのかを見ています。微妙な空気が流れていて、ちょっとした緊張状態になっています。

子どもは普段から親に、自分のことを自分に都合よく伝えているようです。先生の指摘が自分の報告と違うことは初めからわかっているので、手話通訳者がどう伝えるかが心配なのです。

Bさんの例では、子どもは帰りに寄り道をしているようなのですが、親には「学校の都合で遅くなっている」と伝えているようです。このようなことは、親がきこえるかきこえないかにかかわらずあり得ますが、歪曲的に伝えていたことが発覚するかどうかが、手話通訳にかかっているのです。

きこえない親は手話表現を直訳すれば「学校の責任ではないのか」と詰め寄っているのですが、それをそのまま伝えるのと、「子どもに何かあったのでしょうか」と尋ねるのとでは、教師と親との関係性が変わってきます。手話通訳者の表現次第でニュアンスや印象が変わるのです。

通訳対象である学校の先生と親であるきこえない人との関係を維持することも、親と子どもとの関係を調整することも、手話通訳者の役割となっていることがわかります。

❻ 通訳技術としての言葉の変換と選択の判断

手話通訳で言葉の変換に迷うことは、さまざまな場面で起こります。話し手であるきこえない人がどんな背景をもつ人なのか、どんな手話表現をする人なのかを知っていると、通訳もしやすくなります。どんな意味でその手話表現を使うのかがわかるからです。日頃から関わりのない人の通訳をするときには、より難しい判断が迫られます。

通訳対象のきこえない人ときこえる人との関係性によっても、通訳の際にどんな言葉（表現）を選択するかは変わってきます。

若いお母さんが就活に行って、面接というか、就職相談されている人が、ご主人はどうされていますかと質問されて、「パパは」みたいな言い方をしはるんやね。「パパ」って言うべきか、「主人」って言うべきか。私は「主人」と言ってしまったんですけどね、よかったのか。その人にとっては主人もパパもみんないっしょなんやね。面接というか、受けている人（面接担当者）にパパって言うたら、どうなのかと思って、変えてしまったんやけど、よかったのか。やっぱりここの関係というのも。こんなんでやっていて、申し訳ないって思いますね（Dさん）。

行政にいっしょに行くじゃないですか、言葉がすごい……、ぞんざいな言葉がたまに入るじゃないですか。そういうときに、それを覆いかぶせなきゃいけない、それは、境界線が難しいですよね。

読み取りをやっていて、「ビル困る」っていう手話を、「景観を損ねるような建物を建ててもらったら困ります」って、読み取ったのね。そしたら、先輩の通訳者が、あのときに本当にその通り訳してほしかったたって。きこえない人には、そういう手話通訳をちゃんとしてくれるのはZさんだと言われて。この人のときには補足しなきゃいけないけど、この人は補足しちゃいけないっていうのを、自分がいっぱい……、その人の情報をいっぱい持っとかないとあかんのやと。（Gさん）。

きこえない人が使っている言葉（手話表現）を音声日本語に変換する際に、そのきこえない人が意図している言葉の意味や発言の意図を汲み取って音声日本語の言葉を選ぶことの難しさは、BさんやJさんが三者面談について語ったなかにもありました。きこえない人にどんな背景があり、普段はどんな手話を使うのかを知っていないと、きこえない人の発言の意図をつかむことが難しいのです。

Dさんが悩むのは、その場面にふさわしい言葉の選択です。手話と日本語で対訳となる言葉はあっても、その意味範囲が異なる場合があります。そのため「申し訳なさ」を抱えています。

Gさんの話には、きこえない人が「そういう手話通訳をちゃんとしてくれる」通訳者をきこえない人が求めていることが示されています。手話通訳者は、そのときのきこえない人の意図や、交渉の場での言葉遣いを考えて読み取り通訳をしています。

単に手話を音声日本語に変換するだけでは、きこえない人にとってのよい通訳にはなりません。場合によっては、手話表現を一般的な訳語でそのまま伝えたほうがよいこともあります。話しているきこえない人ときこえる人との関係性によっても、話題や話の流れによっても、何がよいかは変わってきます。DさんやGさんは、就職面接の場や行政との交渉でどんな言葉を選択すべきなのかを、手話通訳技術も含めて語っていますが、だからこそこの通訳でよかったのかという逡巡と反省があるのです。

❼ きこえない人へのまなざし

手話通訳者はきこえない人の困難を近くで見ています。きこえない人を日本語の能力や「できないこと」だけで評価、判断してしまう社会との関係性のなかで障害が表出している状況を受け止めています。そこにはきこえない人と特段の関わりのない人とは、違った視点があるようです。

大人は100の情報を持っている。子どもは10の情報を持っている。大人は100の範囲で判断する。子どもは10の範囲で判断する。きこえない人は100より低い情報量の範囲で判断する。情報が入ってこないことの障害だと思う。音声として入ってこない分、情報が少ない。でも地名、人名の読み方がわからないことは、そんなに困ることとなのかな（Aさん）。

病名を知っとかないといけないのは伝える。病名は知っているが、中身を知っているかは別。「中身わかるか」とかきく。「わかる」と言われるがそれがあやしい。糖尿病は知っていても内容はどうしよう。きこえていても病気のことって知らないもの。「この薬を飲めば治る」と言われればそれまでで、内容は知らないことが多い。それでも治ったらそれでいいわけだし（Hさん）。

しっかり自分のことが言えるのはこれだけ（筆者注：少ない、の意）。大多数の人は不自由にも気づかんと、こんなもん、で暮らしたはる人が多いのに、それでなくてもわかりにくい障害やのに（Fさん）。

きこえないことで、きこえる人と比べて情報量は少なくならざるを得ない現実を感じることはあるけれど、それで困ることがあるのか、きこえる人でも何もかも知っているわけではない、との指摘です。

あるとき筆者は、きこえない人と話していて次のように言われたことがありました。

「あなたはきこえるくせに、そんなことも知らないの？」

きこえない人は、音の情報が入りにくいために情報量は少なくなるかもしれませんが、それがすべてに及ぶわけではありません。その人は情報を自分から取りに行く努力もしていて、たとえ情報が少なくても判断は的確でした。きいているようで頭には入っていない自分が恥ずかしくなり、思わず「はい……」、なんかすいません」と謝っていました。

きこえないから入ってくる情報が少ないということを「きこえないから仕方がない」と受け止めるか、「入る情報を増やす努力をしていくべき」と考えるかは、きこえない人によっても、それがどんな情報かということによってもさまざまだと思います。もちろん、情報にアクセスするための手段や機会を増やす社会をつくっていくことは大切です。ただ、手話通訳者が語るのは、情報の非対称性だけではなく、その先のしんどさです。

みんながきこえない世界で、みんながきこえない街があったら、通訳はいらないですよね。それだったら個性でいいんだけども、ほとんどの人たちが音のある世界にいるわけだから、それは支障なんですね。個性ではあるけれど、社会で暮らす上では障害なんですよね。たとえば仕事でも、きこえないからできませんとか、いっぱい制限がかかってくるから、それは個性ではすまされないところがあるんで、そのあたりはきちんと説明できないと。そんなにない人もいるけれども、やっぱりきこえないことで、今はいいけれど、あとでしんどくなる場合もあるし、生きていく上で、生きづらいことっていうのはやっぱりあるものね（Cさん）。

きこえる人と同量の情報を求める方針は、現在のろうあ運動の中心にあります。手話通訳の配置や字幕情報を増やすなどさまざまな方法があり、少しずつですが実現しています。もちろんよいことです。しかし、手話通訳で直面するのは、情報が少ない状況を生き抜いてきたきこえない人への配慮や支援のあり方なのです。

きこえる人が主流の社会にあっては、どこかで「きこえないことでしんどくなる」ことがあるとCさんが指摘するように、そのしんどさを軽減することが手話通訳の役割に含まれています。

❽ 手話通訳を続けている理由

インタビューした手話通訳者は、手話サークルや手話通訳問題研究会での活動も継続し、行事や会議等で夜間や休日にも出かけています。手話通訳は派遣で行われるため、派遣元からいつ依頼があるかはわかりません。通訳依頼は1か月後のこともあれば、当日の緊急の依頼もあります。拘束される時間は、短ければ1時間足らずということもあれば、ほぼ1日拘束されることもあります。そのような不安定な状態で、なぜ長期にわたって活動を続けるのでしょうか。ほかに簡単に頼れないという手話通訳の専門性があり、きこえない人との関係性が継続の理由として説明されていました。

通訳できるようになって、ＦＡＸで通訳来てくれへんかって頼まれたり、事故にあってどうしようって呼びに来てくれて、事故処理でいっしょに立ち会ったりとか、そんなこととかもあって、どこにいるのかわかって、呼んでもらえる、そういう関係ができたのはいいですよね。何かで行って講演の通訳をするんじゃなくて、ほんとに身近なところで、お互いに信頼があって、お願いって言われるのは信用している関係があるから呼んでもらえるんだなっていう気はする。そういう意味ではいいかなって（Ｃさん）。

手話で話すのが楽しいっていうのはありますね。それと、地域であれ、なんであれ、個人で受けた通訳であれ、自分がここで通訳したから、自分がっていうのがあるから。本当はそれを客観的にみなきゃいけないっていうのがあるけど、そういう面が自己満足であるからじゃないですか（Ｇさん）。

手話で話すのが楽しい、きこえない人との関わりが楽しい、ということです。手話通訳が楽しいということではなく、手話を通じてきこえない人と関わり、個人的な関係ができているから楽しいと言われています。手話通訳派遣の場合には、対象者とは初対面ということも珍しくありませんが、それとは別に、日常的・個別的に構築してきたきこえない人との良好な関係が、続けている理由となっています。

❾ 手話技術、手話通訳が堪能であるということの意味

手話通訳技術の面では、手話通訳を始めた初期の頃には「手話が下手だ、わからないと言われた」(Hさん、Gさん) ことがあっても、経験を重ねると安定していきます。ところが、手話がうまいということと、話の内容が伝わることとは別である、との話が異口同音にありました。

昔、ベテランの人と通訳に行った。通訳のとき、ろうあ者がその人の手話になると首をかしげる。他府県から来たろうあ者が「あなたの手話は上手すぎてわからん」とはっきり言われていた。その人はそんなに悪いとは思っていない様子だったが、伝わっていないと意味がない。どんなにうまくてもその人に伝わらなければ意味がない (Bさん)。

実際、きこえない人たちのなかで、たとえば講演があって、あの人が通訳していて、わかりやすかったという人と、わからなかったという人がいるじゃないですか。そこで、あの人の通訳はすごいと言われている人の通訳がよいというわけじゃないんだというのを、自分の都合のいいように取り替えて、私の通訳がわかるって言ってくれる人もいるんだと受け取っている。

それぞれのきこえない人たちが自分にわかる通訳さん、そういうのがあるんだということ、もち

ろん日々の研鑽はせなあかんけど。上手な人は確かにいるんだけど、現実はこうなんやというか（Eさん）。

通訳者もいろいろやしね。きこえる人が「よい通訳」と言っても、ろう者にとってよい通訳かはわからない。ろう者によっても、この人はよい、と言ってもこっちの人はあんまりって言ったりとか（Jさん）。

手話がうまいとは、一定の手話通訳技術に沿い、よどみなく的確に表現していることをさしていると考えられますが、そのうまい表現が必ずしもすべてのきこえない人にわかりやすいわけではないという指摘です。

きこえない人にもその手話表現にも多様性があり、手話や言葉の理解度も異なってきます。一般に、自分が使っている手話に近いものがわかりやすく、そうでなければわかりにくいものです。きこえない人からの評価にもばらつきがあることがわかります。

⑩ きこえない人の多様性

きこえない人の手話表現の意図をつかんで、どんな言葉に置き換えるべきなのかは、その人の背景によっても変わってきます。家族全員がきこえないデフファミリーの人、ろう学校で先輩から手話を学んだ人、難聴学級で学んだ人、きこえる人と同じ地域の学校に通い成人後に手話を学んだ人など、きこえない人によっても背景、成育歴は多様です。

背景や成育歴は、日常に使う手話がどんなものかを推測する要素にもなります。コミュニケーションのときは特に、相手になるべく合わせた手話を使うことが求められます。

登録の通訳としては、背景を知っていて、こんな支援がいるということがわかっている人の通訳に行く。普段は相手に合わせた手話をすることは必要と思う。声のあるろうあ者ならこっちも（口が）つくし、ないならつかない。手と口が合わなくなることはある。声が邪魔になって消えていく。手と口をずっと合わせるのは難しい（Bさん）。

音声日本語がうまいきこえない人の、あの声をあのまま言うてもいいのかな、そやけどあのままなら私たちにはわかるけど、ほかの人には「ちょっと文章変じゃないの」って言われそうやし、きちっとした日本語に直して言わんならん。そしたら声がじゃまになるよな（Jさん）。

手話通訳者は、Bさんの指摘のように「手と口を使う」、つまり音声日本語と手話を同時に使う場面があります。音声も使うきこえない人が手話通訳の対象に含まれる場合や、きこえる人ときこえない人がいて、同時に伝える必要がある場合です。

ただ、Bさんが言うように、「手と口が合わなくなる」ことが起こります。同時に表出することはできますが、手話と音声日本語は異なるため、だんだんとずれてしまうのです。

Jさんの話は、音声日本語ができる人の読み取り通訳で配慮していることについてです。手話と日本語は異なるため、手話で思考し、音声日本語を使うきこえない人の言葉は、日本語の文法上多少ずれることがあります。内容が不明瞭なわけではなく、話し手の能力が低いわけでもないため、手話通訳者は問題なく受け止めることができます。

しかしほかの、手話のわからない人から見れば、変だ、日本語能力が低いと受け取られると危惧し、通訳者として、日本語を言い換えて読み取り通訳をするということがあるのです。発する言葉だけで能力評価をされないようにという配慮です。

⑪ 家族の視点

対象者のうち、コーダであるJさんと、Bさん、Dさんは家族にきこえない人がいます。Dさんの家族は音声日本語を主に使用しているため、手話通訳を利用することはないとのことでした。

Jさん、Bさんからは、自分の家族が手話通訳を依頼する際の、手話通訳への要望がありました。

Jさん、Bさんが家族の手話通訳をすることもあるそうですが、手話通訳派遣を依頼するときの思いです。

通訳者が来たらきたで、もっと本人にわかるように通訳してほしいと思ってしまう。本人はおとなしいので上手に言えるように引き出してほしい。情報100％ではなくて、70％でいいから残りは本人が言えるようにしてほしい。普段は通訳なしで生活できる人だが、その分、大事な場面で通訳を使い慣れていない。よく知らない通訳者が来ると情報が2割落ちる。通訳となると、専門知識プラスその人の力を最大限引き出すことが必要（Bさん）。

気持ちそのまんまを受け取れへんような言葉の出し方を、こういう意図ではこういう言葉を発してへんのやけど、大事なときには、この人のことを知っている通訳者がいいかなって。大事な場面のときは、私が行かなあかんかなって（Jさん）。

Bさんの「手話通訳を使い慣れ」るとは、手話通訳をうまく使って自分の知りたい情報を得ること、質問したいことを確実にきけることをさしています。

たとえば、きこえる人でもあり得ますが、「ジェネリック医薬品」の意味を知っているかどうかで、病院での説明の内容の理解度が違ってきます。説明の最中に「ジェネリックとは何ですか」と質問できればよいのですが、難しいことが多いのではないでしょうか。きこえない人は手話通訳を介しますから、さらにハードルが高くなります。

きこえる人ならあとで友人に尋ねたり、調べたりするでしょう。きこえない人なら、手話通訳派遣業務には含まれていませんが、あとでこっそり手話通訳者に尋ねることもあるかもしれません。

手話通訳者が対象者のことをよく知っていれば、きこえない人が「ジェネリック」を知らないと察して通訳のなかにうまく質問を含めて医療関係者に伝えることも可能です。

Jさんの、「こういう意図ではこういう言葉を発していない」というのは、言語をそのまま変換してもきこえない人の思いが伝わらないという指摘です。手話と日本語の変換というより、きこえない人の思いを言葉にすることの難しさです。

2 手話通訳者が共有する理念

❶ 権利擁護につながる手話通訳

伊東雋祐《しゅんすけ》の「通訳論」では、単に健聴者とろうあ者の中立的交換手ではなく、きこえないことで社会参加の権利を奪われているきこえない人への通訳においては、権利を守るためのものでなければならない、とされていました。

インタビューでも、手話通訳者が常に考えているのは、きこえない人に不利益が生じないようにするにはどんな言葉の選択がよいか、どんな振る舞いをすべきか、ということでした。この実践がきこえない人の権利擁護につながっています。

ところが、こうした手話通訳者の努力は、その通訳場面がスムーズに進めば進むほど、その場のきこえる人にもきこえない人にも気づかれません。逆にうまくいかずトラブルになったときには、手話通訳者の通訳に誤りがあったのではないか、通訳時に何か付加したのではないか、と批判されることになります。

きこえない人の手話をそのまま伝えると意図が伝わらないとなると、伝わる言葉で説明する必要がありますが、それが手話通訳を単なる言語変換行為という狭義の手話通訳で解釈すると、誤訳や逸脱行為になってしまいます。だからといって、きこえない人の存在を無視して、きこえる人に説明するわけにもいきません。

手話通訳者はさまざまな経験を通じて困難な場面を乗り越え、一つひとつの通訳場面での判断と行動を通じて、きこえる人にもきこえない人にもわかるように伝える通訳を、悩みながら行っています。

❷ きこえない人との共感性とずれ

手話通訳者は手話通訳やろうあ運動への参加、個人的な関係性の構築などを通じて、きこえない人のことを知っていきます。一般の人と比べてきこえない人やきこえないことを理解していくことはまた、手話通訳者がいる「きこえる世界」ときこえない人の「きこえない世界」の違いを知っていくことでもあります。

インタビューでも、きこえない人の置かれた状況や手話表現に共感する部分もあれば、言語の違いだけではない距離を感じることもあり、それは何に対してなのかについて、繰り返し経験したこととして話が出ていました。

やっていくうちにやっぱりきこえない人の世界ときこえる人の世界は微妙に違う、だから、1回入ったら修正するのにすごく時間がかかって、難しいっていうことは、けっこう経験はしてきて、けっこうあきらめたことも多いです。もういいわって。何がどうとは言えなくても、「前こう言った」とかね（Cさん）。

きこえない人のことは理解できないし、やっぱり推量はできても理解はできないでしょうと。ひねくれているかもしれないけど思ってしまう。違うな、というがどう言っていいのかわからないけど、本当に理解しきれない。理解するのは難しい。理解しようとする姿勢は大事。それを踏まえてやっているつもりだけど、なんだろうなあと思いながら、全部できているわけじゃないけど（Eさん）。

言葉が違うだけではなく、きこえる世界ときこえない世界は違うのだということが、きこえる世界ときこえない世界を知っているからこそ認識されています。

「あきらめ」たり「なんだろうなあ」と思いながら、共感が難しい部分を乗り越えようとするよりも、違うままで受け入れているようです。

③ 手話通訳者が行ってきたこと

舞台やテレビ画面に映る手話通訳で重視される手話技術、手話通訳技術も重要なのですが、それだけではないことがインタビューからもわかります。地域で活動する手話通訳者が日々の通訳で大切にしているのは、次のようなことです。

その人の背景をどれだけパッとわかるか。手話ができて、読み取れたらそれで終わりってみられるけど、関わってるとそうじゃないもんなあ。パッと出さはる言葉でも、それがどう相手に響くかいうのを考えた上で変換するいうのも、この人に失礼かもしれへんのやけど、していかな、感情的にまたうまいこと、次の話に進めへんかったりするもんね（Jさん）。

手話通訳の場面でも、そういう視点、しっかり見て、洞察力というか、相手の表情を見ながら、今のわかったかな、わからないのかな、というのを見ていけるような支援というか、工夫は要りますよね。医療場面とか、教育場面とか、やっぱり、流してもいいこと、ああ、伝わらなかったけど、いいかこのくらいは、ということも判断できないとね（Cさん）。

きこえない人の背景をつかんだ上でないと、手話表現にどんな意味があるのかを把握するのは難しく、通訳さえすればいいという意識では手話通訳として成立しないのです。それは、きこえない人に対してだけでなく、対象者の半分であるきこえる人に対してもいえます。きこえる人が話す音声日本語を手話でどう表現するか、話し手の意図を汲んだ上での表現が求められます。

言葉の選択、手話表現の選択、状況の判断、きこえる人ときこえない人のよりよい関係性の構築を仲介する、きこえないゆえの情報の少なさを補填する、きこえない人が自ら質問するなどの主体性を発揮できるようにする、きこえない人の思いを引き出す、など手話通訳者の機能のなかには、さまざまな支援が含まれています。

一言でいえば「きこえない人の権利を守る」ことになるのですが、それらの支援のすべてが常に必要とされているわけではありません。対象者や通訳場面によって必要、不要なことを判断した上で手話通訳が行われています。

対象者や通訳場面に合わせてどんな言葉の変換をするのかは、手話通訳者の判断に委ねられています。手話通訳者は言葉の変換の先の、きこえる人ときこえない人との関係性を見通して通訳をしていますが、手話通訳ができていても、その場面の人間関係、信頼関係が壊れれば失敗とみなされることもあり得ます。

逆に仮に手話通訳がおぼつかなくても（手話通訳技術があることは前提ですが）、きこえない人が自分の知りたい情報を得て、自分の言いたいことを伝えることができ、きこえる人ときこえない人の関係性が壊れなければ、よい通訳だという評価にもなり得ます。きこえる人ときこえない人が、お互いに理解しようとする姿勢があるかどうかも関係してくるでしょう。依頼者が言語変換だけを手話通訳者に求めている場合には、手話通訳者がよかれと思って行った配慮がうまく機能せず、余計なことをした、と言われる可能性もあります。

きこえる人であれ、きこえない人であれ、話が伝わらない原因には、次の3点が考えられます。

①話の内容がそもそも難解であること
②言葉の受け手が理解できる言葉の量が、話の内容に比して少ないこと
③通訳者の技術的問題

①や②は、同じ音声言語であっても、知らない分野の話や、きいたことのない用語ばかりだと、話がわからないことと同様です。

③は通訳者を介して異なる言語の話をきく場合、通訳者がその分野を知らず、用語を適切に変換できなければ、受け取る側がその分野を知っていても伝わる情報量は限られてしまいます。また、①②と重なりますが、受け取る側がその分野を知らない場合は、通訳が適切でも話が伝わらないでしょう。

手話通訳者にとっては、どのような理由があったとしても伝わらなければ意味がないのです。きこえる人ときこえない人の両方の世界を知っているだけに、思考様式や行動様式の差異の調整は難しく、言葉の変換ではない部分にも心を砕いています。

インタビューでは、一定の枠組みを設定して話してもらっていますが、そこに収まらない内容もあ

りました。それらは、手話という言葉の多様性、きこえない人の多様性、手話通訳の機能の多様性を示しています。手話通訳者はそれぞれに、個別の経験を通してきこえない人や手話を見ています。

手話通訳の派遣制度は、現在、障害者総合支援法の意思疎通支援に含まれていますが、そこにインタビューにあるような配慮や支援は含まれていません。

手話通訳者がもっている個別的な経験やきこえない人への思い、手話への思い、手話通訳活動への思いが現在の手話通訳の制度を支えているのです。制度には含まれていない、さまざまな支援を行っていることが、手話通訳者の話にもありました。それも多くの人が、支援とは自覚せずに「人として自然だから」「当然だから」と話していました。

コロナ禍以降、テレビ画面での手話通訳を見ることが増えました。もちろん、テレビなどでの手話通訳も増やしていく必要があります。きこえる人と同量の情報の提供をめざすことが大切ですし、標準的な手話の普及も大切な役割です。

しかし、言語の変換だけをみていては大切なことが見落とされ、「きこえない人には手話通訳さえあればよい」などの安易な答えを引き出しかねません。情報の量があればよいわけではないことは、これまでみてきたろうあ運動の歴史や、手話通訳者へのインタビューからも明らかです。

終章　手話通訳の機能

この章では、手話通訳の機能についてまとめています。ここでは「機能」という用語を、これまでに述べてきた手話および手話通訳についての歴史的経緯や手話通訳の議論を踏まえた上で、手話通訳者が実際にどんなことを行っているのか、ということを整理する意味で使っています。

1　情報保障支援機能

第1に、情報保障支援です。きこえる人が話すことや周囲の音の情報を手話表現に換えて表すこと、そしてきこえない人の手話表現を音声日本語に換えて伝えることです。この情報保障としての手話通訳は、基本的に双方向のものではなく、送り手からの情報を受け取り手に伝えることが目的になります。

「きこえる人が得られるものと同等の情報量の保障を」という要求を受けて近年、情報保障支援が増えてきました。テレビ画面での手話通訳や、首相や市町村長などの公的な記者会見での手話通訳のほか、テレビや駅などの字幕表示もそうです。ろうあ運動で手話通訳の保障を求め、最初に実現したのは裁判や議会など、公的な場所での手話通訳でした。

きこえない人にとっては、何を言っているのかわからないと、見ることもなかったきこえる人の発言が、手話通訳や字幕を通じて理解できるようになりました。しかし、音声情報のすべてに手話通訳や字幕がつくわけではありませんし、情報量の非対称性の課題はまだ残っています。

きこえる人と比べて音による情報が入りにくいきこえない人にとって、「何が話されているか」「誰がどんな話をしているか」は、集団のなかに入るためにも必要なものです。新しい言葉が次々と生まれる現在では、新しい日本語に対応する新しい手話の創造とその認知拡大が重要になります。新しい言葉に新しい手話がつくられ、認知されるまでに時間がかかるという課題もあります。

手話通訳者が知っている手話をきこえない人が知らない場合もあれば、きこえない人が知っている手話を手話通訳者が知らないことも起こり得ます。手話単語の共有がないときには、指文字で表すこともありますが、ほかの表現をするなどの工夫が求められます。対象者に伝わるかどうかということがより重要です。

言語変換において言語の等価性をどうみるか、ということもあります。言語を変換するときに選択した言葉は、言語として流麗な場合もあれば、その真意を伝えるような意訳になる場合もあり、どちらがよいかという問題に突きあたります。言語が異なるということは、すべての言葉に他言語と等価性のある言葉があるとは限らないからです。

等価性については、たとえば日本語には食事の前に「いただきます」と言いますが、ドイツ語、フランス語には同様の表現があるものの、英語には存在しません（近藤正臣『通訳とはなにか』生活書院、2015年）。文化的に存在しない表現には等価性を保障できません。

音声日本語ではその言い方をするけれど、手話ではちょっとニュアンスが違う気がするなど、手話の豊かな表現を適切な日本語に換えるのが難しいと感じたことのある手話通訳者は多いのではないでしょうか。

2020年からのコロナ禍では、テレビの記者会見などでの手話通訳者がマスクをしていると手話がわからなくなったり、フェイスシールドが光って見えにくかったりしたことが注目されました。このことで、口の動きや表情も手話の一部であることが社会的に認識されるようになりました。都道府県知事などの発言者が話すときにはマスクを外すようになったのも、きこえない人や関係団体が「きこえない人は手話だけでなく発言者の口の動きや表情からも情報を得ているためマスクを外してほしい」と要望を出したことに応えたものです。

特に災害情報や新型コロナウイルス感染拡大防止のための情報提供では、正確な情報を伝えることが重要になります。ここで問題となるのは、新しい事象の新しい単語をどう手話で表現するかということです。「コロナ」「クラスター」「ロックダウン」「緊急事態宣言」など、聞き慣れない言葉が多く用いられるようになりました。

標準手話は現在、社会福祉法人全国手話研修センター内の手話言語研究所（以下「手話言語研究所」）がホームページ（https://jisls.com-sagano.com/movie/、2025年2月25日閲覧）に掲載していますが、音声言語を受けて新しい手話が考案されるためタイムラグがあります。新しい手話が浸透するまでは、人によってさまざまな手話表現がされるか、指文字で表現されることになります。

筆者はよく、きこえない人から新しい手話表現を教えてもらいます。そのたびに「勉強不足だな」と笑われたり怒られたりしています。きこえない人から教えてもらうと、その手話がきこえない人に伝わる手話だとわかります。手話テキストに載っていても、身近なきこえない人には伝わらないこともあります。

手話表現は音声日本語の言葉を表すのではなく、きこえない人が見て意味のわかるものが採用され、浸透していきます。たとえば「緊急事態宣言」の場合、「緊急」「事態」「宣言」それぞれの手話表現は元からありますが、「緊急」の表現は単に「早く」と、「救急車のサイレンが鳴っている（ほどに緊急の意味）」とで、同じ首長会見での手話通訳でも手話通訳者によって表現が異なることがありました。より伝わりやすいのはどういう表現なのかということを、同時通訳をしながら判断するのは本当に難しいのです。標準手話では「早く」の手話が採用されています。異なる表現であっても、間違いであるとはいえないのです。

手話言語研究所が発表した新しい標準手話が、地域で定着するかどうかは、すぐにはわかりません。音声言語に流動性があるように、手話も時代によって変化し、新しい手話でも地域によっては標準手話とは異なる手話表現が定着することもあり得ます。住んでいる地域や話す相手に合わせて手話表現を換えることも手話通訳の機能です。

情報保障においては、正確な情報を伝えることが一番重要ですが、それが一人ひとりのきこえない人に完全に伝わるかどうかは考慮する余地があります。

手話は視覚言語ですから、見てわかる表現がよいとされていますが、きこえない人のなかには手話で意味をつかみ、文字で言葉を認識する人もいます。きこえないために、文字と音声（読み方）を結びつけて認識していなくても、文字と意味は結びつけて認識している人もいます。音声日本語に習熟している人であれば、手話と口の動きや表情と合わせて認識することもあります。文字情報など、手話以外の手段も合わせて理解することもあります。

きこえない人には手話があればよいという単純なものではなく、情報保障としての手話通訳には、情報を伝えることを軸とした手話表現が求められます。

通訳技術に特化していえば、どんな表現を選択するかという問題は、ロシア語通訳者だった米原万里による「不実な美女か貞淑な醜女か」という言葉に表されています（米原万里『不実な美女か貞淑な醜女か』新潮文庫、１９９７年）。意訳が入っても本意が伝わる言語表現とするか、正確な言葉の変換をすることで言語表現は忠実だが本意が伝わらないものになるか、というものです。もちろんこれには、伝えるべき内容を伝え、伝えるべき情報を取り落とさないことが前提にあります。

米原は、翻訳であれば言語表現を練る時間と余裕があるが、同時通訳の場合は瞬時の判断が求められるため、完璧な通訳というのはあり得ないとも述べています。

よい通訳とは何かということは、受け取り手によって評価が異なります。英語通訳者の鳥飼は、「今日の通訳は素晴らしかった。自然な英語でよく理解できたしなんの違和感もなかった。ただ、日本人の話をきいてなんの違和感もない、というのはどういうものだろう。わかりにくくても、ぎくしゃくした訳でも、オリジナルの日本語をそのまま直訳した方が、あとでより深い理解につながるのではないだろうか」との疑問が出された例をあげています。（鳥飼玖美子『歴史をかえた誤訳』新潮文庫、２００４年）。

鳥飼は「この問題はつまるところ、オリジナル言語（起点言語）尊重か、訳出対象言語尊重か、というジレンマである」としています。すなわち「元の表現を中心に、違和感をむしろ大切にする考え方もあるが、現実には、翻訳者にせよ通訳者にせよ、日常的にジレンマにおちいり選択を迫られながら、時と場合に応じて適切と思われる方を選んでいる」のです。

普段は異なる文化圏で暮らし、異文化理解をしようとするならば、ぎくしゃくした訳でもよいとされることもあり得ます。しかし、同じ地域に住み、コミュニケーションを重視するならば、伝わりやすい表現を選択するほうが適切な場合が多いのではないでしょうか。まして、きこえない人は同じ地域、同じ文化圏で暮らしているのです。きこえないために地域社会から疎外されている現実はあるとしても、その地域の一員なのです。

他言語の例をあげましたが、音声言語と視覚言語である手話の通訳の決定的な違いは、きこえない人と手話通訳者はお互いの手話が見える場所にいることが必要であり、基本的に対面できる位置を設定することです。音声言語の場合は、通訳者が必ずしも見えなくてよい存在で、隣や斜め後ろに通訳者が配置されます。

2 コミュニケーション支援機能

第2にコミュニケーション支援です。コミュニケーションとしての手話通訳は、考えや思いを「伝える」ことに評価軸をおかないと、きこえる人ときこえない人の関係性を壊すことになりかねません。もとの言語の表現を一般的な対訳語に置き換えるだけでは伝わらないことがあります。しかし、もとの言語の表現から逸脱しすぎると誤訳とみなされてしまうことになります。

言葉の選択やさまざまな配慮を、その場の状況やきこえる人ときこえない人の関係性を考えて行う必要があります。きこえない人ときこえる人が関わるときの、双方向のやりとりがスムーズになるように支援が必要となることがあります。

きこえる人の、きこえないことへの理解不足から起こるトラブルもあり得ます。最近ではなくなりましたが、きこえない人に頼まれてクレジットカード会社に電話をしたことがありました。手話通訳をしていると「本人確認が必要なので、本人を電話に出してください」と言われました。

「本人はきこえなくて、電話ができないから通訳をしています」と説明しても、とにかく本人を出すように言われ、仕方がないのできこえない人に頼んで、電話に向かって何か声を出してもらいました。口話が難しい人だったので、言葉ではなく「あー」とか「えー」などの声でした。少し考えれば何の意味もないことだとわかるはずなのですが、ルールに縛られていたのでしょう。

前章のインタビューでもありましたが、きこえる人からの差別的発言を最初に耳にするのは手話通訳者です。きこえない人の大変さをよく知る者としての思い、支援者としての思い、友人としての思いなどさまざまな思いをもつ手話通訳者は腹が立ったり、つらい思いをしたりします。

その発言に悪意があってもなくても、声での発言は、きこえない人には手話通訳者が通訳しない限り、きこえない人には届きません。どう通訳するか、あるいはしないかということに迷うこともあります。インタビューでは、医師などから「ここは通訳しなくていいと言われた」と手話通訳する例がありましたが、それできこえる人（この場合は医師）が怒ってしまう可能性もあります。

そのときの状況や対象者の感情に配慮することが求められます。手話通訳派遣の場合は原則的に、きこえる人へのフォローが必要なときや抗議する必要性があるとき、まず派遣元に相談することになっています。しかし、その場で対応しなければならないときもあります。人の感情への対処は難しいものです。

きこえない人がきこえる人に対して怒りや抗議を手話で表現している場合も、どのような日本語にすべきか、言葉使いをどうするかなどに悩みます。手話は音声日本語の表現よりも直接的な表現をすることがあり、きこえない人が感情的になっているとき、本当に伝えたいことは何なのだろうと考えます。その場での話のやりとりだけではなく、これまでの関係性や、コミュニケーション不全が含まれていることもあるからです。

地域での手話通訳活動では、対象者のことを知っているかどうかも重要です。きこえない人に必要な配慮や、選択すべき手話表現が変わってくるからです。きこえる人に対しても、きこえない人への理解の程度を見極め、対象者に合わせた言葉の選択をすることで、コミュニケーションがスムーズになるかどうかが変わってきます。

きこえない人にとっても、手話通訳者が知っている人か初対面かで、安心感が変わってきます。手話通訳の制度を利用することに関しては平等でも、そこでの手話通訳を含めた支援が同じでよいわけではないのです。対象者や状況に合う手話通訳が求められます。

3 福祉的な支援機能

最後に、福祉的な支援です。きこえる人であれば、努力次第でほかの音声言語や手話を習得できますが、きこえない人が音声言語を使えるようになるのは不可能です。

口話を使いこなせる人もいますが、口話教育は十分に機能していないため、きこえない人に過分な負担があることは歴史的にも明らかです（30頁参照）。きこえない人は、音声日本語を話す人と手話でコミュニケーションをしようとすれば、手話通訳が途中で不要になることはなく、人生の終わりまで必要です。筆談などほかの手段を使うこともできますが、書記日本語ですべてをまかなうことは難しいでしょう。

そして、きこえない人は、きこえない世界にいながらも、音声日本語に囲まれ、きこえる世界の影響を受けながら過ごしてきています。きこえない人が暮らしのなかで抱える課題には、きこえないゆえの情報不足が招くものがあります。そのためにきこえる人たちに「社会に馴染まない人」と捉えられ、「能力の不足」とみられてしまうことがあります。

手話通訳が担うのは、このような社会の見方からの脱却を、きこえない人と協働でめざすことです。手話が言語として認められ、障害者差別解消法などで公的にはきこえない人の権利保障が進んできていますが、「ろうあ者の権利を守る」とされた手話通訳の役割は、まだまだ必要なのです。

手話が社会に浸透してきているとはいっても、手話ができる人は少なく、手話通訳となるともっと少ない現状です。手話という言葉を広め、きこえない人の困りごとに対応できる社会を望むための活動のひとつが手話通訳ということになります。

手話通訳があることで、きこえない人ときこえる人のコミュニケーションを円滑にし、関わりを増やしていくこと自体が支援になるのです。

「きこえる人」には、手話通訳者も含まれます。手話通訳者は手話で会話ができる「きこえる人」ですから、きこえない人にとっては、手話通訳を介さずに直接話ができる人でもあります。そのため、初期の「みみずく」の活動にあるように、相談支援といえることを行ってきたのです。

相談には、電気製品の使い方や修理の方法、冠婚葬祭などのお金をいくらにするか、など暮らしのなかで出てくるちょっとした困りごとも含まれます。「きこえる人たちはこういうときどうするのか」という文化的差異を相談されることもあります。

最終的な判断はきこえない人自身が行いますが、判断をするための材料となる情報を得るためには、手話で気軽に尋ねられる人の存在が重要です。手話通訳者でなくても、手話ができる人であれば友人として話ができますが、手話ができる人が少ないのが現状です。そのためあるときは通訳として、あるときは相談者や友人として、手話通訳者が対応しています。

初期の手話通訳者が行っていたような、就職や財産の相談などは、現在は専門の機関につなぐことが手話通訳の役割とされています。「みみずく」でも、専門的な支援が必要だとしていました。どんな支援が必要か、どんな専門機関につなぐべきかの情報を知った上で、適切な機関につなぐことが手話通訳の重要な機能のひとつです。

医療機関での手話通訳では、実際の手話通訳の場面の前に病院の待合室で世間話をすることも支援になり得ます。話のなかにさまざまな情報が含まれているからです。きこえない人にとっては、手話で話ができる相手は、きこえる人が音声で話ができる人数と比べて圧倒的に少ないため、自分の言葉でコミュニケーションができる貴重な機会になります。

地域で活動する手話通訳者は、手話学習者として、手話ができる地域住民として、きこえない人との個人的関係はむしろ重要であるといえます。手話通訳を言葉の変換という役割だけに狭めて考え、通訳は中立的であるべきだと考えると、個人的な関わりは不適切だということになります。しかし、さまざまなきこえない人との関わりがなければ、多様な手話を知り、覚え、通訳場面で活用することができません。

手話通訳場面で個人的関係を表出することはありませんが、きこえない人の暮らしからきこえない人の生活様式や考え方を学ぶ、きこえない人から手話を学ぶことが手話通訳者には欠かせません。個人的な関わりを深めてしまったために起こるトラブルや意見の対立も想定されますが、それもまた、地域でともに暮らすということに含まれるのではないでしょうか。

手話通訳の制度は現在、障害者総合支援法の「意思疎通支援事業」に含まれていますが、意思疎通には「自分で決定した意思がある」ことが前提です。きこえない人は、意思を決定するために不可欠な「さまざまな情報を得て、周囲の様子や条件などを加味して決定すること」が、きこえる人と比べると難しい状況です。

きこえないために情報を取得する機会が制限され、周囲の様子や条件、きこえる人が中心の社会にある明文化されていない雰囲気などがつかみにくいのです。意思を決定するまでのプロセスの支援を手話通訳者が行っていますが、それは意思疎通支援には含まれていません。

きこえない人でも書記日本語や日本語の能力に長け、きこえる世界に馴染んでいる人は、文字など音声以外から積極的に情報を取得しています。その場合は情報の非対称性もほとんどなく、言葉の変換だけで事足りる場合もあり得ます。支援がほとんど必要ない人もいるでしょう。音声を書記日本語に変換するアプリケーションや、ＳＮＳなどで話し言葉のように文字を使ってコミュニケーションができるツールも増えてきました。文字などで情報が取得でき、きこえる人と直接コミュニケーションができるなら、手話通訳は不要です。

しかし、日常の暮らしが文字によるやりとりや文字情報だけで成り立っているわけではありません。人とのコミュニケーションをすべてメールやＳＮＳで成立させることは不可能でしょう。

「講演なんかだと文字を確認しながら手話通訳も見る」

「要約筆記があれば、そちらも見る。手話のほうが内容はわかるからいいけど、漢字を確認したい」

「やっぱり手話のほうがわかりやすいから、手話通訳を見ている」

きこえない人の求めるものも多様化しています。コミュニケーションの相手であるきこえる人のきこえない人に対する理解状況によっても適した手段や支援は変わります。どんな支援がいつ、どのくらい必要かを判断することも支援機能に含まれます。

きこえない人が選択できる情報取得の手段、コミュニケーション手段は増えていますが、手話がきこえない人にとって大事な言葉であることに変わりはありません。きこえる人が多数の社会では、音声言語が主流で、暮らしのすべての場面に手話があるわけではないのです。手話という言葉と音声日本語をつなぎ、きこえる人ときこえない人をつなぐ支援を手話通訳者が担っています。

あとがき

さまざまなきこえない人がいて、さまざまな手話表現があります。当たり前のことのようで「あの人たちは手話の人」「手話がわからないから話ができない」となってしまうのは、とてももったいないことだと思います。本やパソコンで手話を勉強しても、実際にきこえない人と手話で話してみなければわからないことがたくさんあります。

手話が社会的に広まるようになり、否定的にいわれてきた属性がプラスに変化すると、ろうあ運動はかつての勢いを失っていきました。多様性の当然の帰結として運動の求心力は分散されて弱くなります。社会的要求が不十分ながらも実現していくと、人々は次の目標を定めて同じ未来をみることが難しくなります。

それでもろうあ運動は続きます。法律の内容や有効性の課題はありますが、今の大きな目標は「手話言語法」の成立です。地域では「手話言語条例」の成立が相次いでいますが、法的にはまだ手話は言語として認められていないのです。

ろうあ運動にはさまざまな形があり、そのひとつに耳の日記念集会があります。3月3日の「耳の日」にちなんで、その前後に各地で開かれています。内容は地域によって違いますが、きこえない人や関係者が集まって地域での福祉的要求や活動などをアピールする場です。

会場には、きこえない人、手話通訳者、手話学習者、要約筆記者などが集まります。盲ろう者もいて、盲ろう通訳者もいます。「久しぶり、元気だった？」「今どうしているの？」といった会話があちこちで交わされます。きこえない人同士、きこえない人ときこえる人、きこえる人同士と組み合わせもさまざまです。言葉の多くは手話ですが、音声や筆談で交わされることもあります。かなりにぎやかです。

ちょっとおどおどした様子で周囲を眺めているのは、手話を学び始めたばかりの人でしょう。「こんなにたくさんの人が手話で話しているのを見るのは初めてだ」と驚いている様子がよくわかります。ここでは、習熟度の違いはあっても、手話は当たり前の言葉として使われ、存在しています。ろうあ運動ではもちろん真面目に社会的要求をアピールしていますが、「集まって手話で話すのが楽しいから」という楽しみの面もあるのです。

本書の執筆に際し、なによりもまず手話通訳者のみなさまに心よりお礼申し上げます。博士論文を贈呈した際に「こんなに長いのは読めないわよ」とご指摘いただいたことが今回の改稿につながっています。本書で取り上げた手話通訳者の方々以外にも、多くの手話通訳者にご協力いただきました。そして、きこえない人たちにも心から感謝申し上げます。本書の手話通訳者インタビューに、不慣れな通訳でもきこえない人たちは待っていてくださり、それによって育てられた旨の記述がありました。同様に筆者もきこえない人たちに教えていただき、育てていただいたと感じています。

本書は2022年度立命館大学大学院博士請求論文が元になっています。出版にあたり株式会社クリエイツかもがわの岡田温実さんに助力をお願いできたことは思いがけない幸運でした。

立命館大学大学院社会学研究科では、津止正敏先生、峰島厚先生、黒田学先生にご指導いただきました。特に津止先生には、社会福祉研究としての視点を教えていただきました。また津止ゼミでは、別の領域を研究しているメンバーから多くの示唆をいただきました。

津止先生は「昔、手話を覚えようとしたことがあるが、表情で表現することが恥ずかしくてやめてしまった」とおっしゃいました。手話学習者や手話通訳者に男性が少ないのには、こんな理由もあるのかもしれません。音声言語とは異なる手話の楽しさを味わって、きこえない人との関わりを楽しんで、男性、女性問わず手話を学ぶ人が増えていくことを願っています。本書がそのきっかけになれば幸甚です。

２０２５年３月

西田朗子

参考文献

秋山なみ・亀井伸孝『手話でいこう：ろう者の言い分・聴者のホンネ』ミネルヴァ書房、２００４年

飯田奈美子『対人援助における通訳者の倫理：公正なコミュニケーションに向けて』晃洋書房、２０１８年

財団法人全日本ろうあ連盟『平成22年度地域生活支援事業（コミュニケーション支援事業）の実施における地域間の差異に関する調査』事業報告書、２０１１年

一般財団法人全日本ろうあ連盟編集『手話言語白書：多様な言語の共生社会をめざして』明石書店、２０１９年

一般社団法人全国手話通訳問題研究会手話通訳活動あり方検討委員会『マンガで読む手話通訳事例集』一般社団法人全国手話通訳問題研究会、２０１３年

一般社団法人全国手話通訳問題研究会『温故知新1　手話通訳制度を巡る変遷』２０１８年

一般社団法人全国手話通訳問題研究会『温故知新3　聴覚障害者の暮らし』２０１９年

一般社団法人日本手話通訳士協会監修、手話通訳士試験傾向と対策委員会編集『手話通訳技能認定試験傾向と対策』六訂、中央法規、２０１９年

伊東雋祐『手話通訳』財団法人全日本ろうあ連盟、１９８２年

伊東雋祐『動くことば　みることば』文理閣、１９９１年

伊東雋祐『伊東雋祐著作集　手話と人生④手話の見かた考えかた』文理閣、１９９９年

伊東雋祐『伊東雋祐著作集　手話と人生⑤私の手話行脚』文理閣、２０００年

伊東雋祐『伊東雋祐著作集　手話と人生⑥手話通訳への道』文理閣、２００１年、c２２８～２３０頁

伊東雋祐『轍によせる百章』京都手話通訳問題研究会、２００１年

伊東雋祐『ろうあ者問題とろうあ運動』財団法人全日本聾唖連盟、１９７２年

一番ヶ瀬康子監修、全国手話通訳問題研究会編『聴覚・言語障害者とコミュニケーション新訂版』一橋出版、２００７年

植村英晴『聴覚障害者福祉・教育と手話通訳』中央法規、２００１年

臼井久実子編著、障害者欠格条項をなくす会企画『Q&A障害者の欠格条項：撤廃と社会参加拡大のために』明石書店、

２００２年
大原省三『手話の知恵―その語源を中心に―』財団法人全日本ろうあ連盟、１９９６年
奥野英子『聴覚障害児・者の支援の基本と実践』中央法規、２００８年
忍足亜希子『女優志願：母と娘の歩いた道』ひくまの出版、１９９９年
各都道府県・各指定都市障害保健福祉主管部（局）長あて厚生省大臣官房障害保健福祉部企画課長通知「手話奉仕員及び手話通訳者養成カリキュラム等について」（障企第63号）、１９９８年
春日晴樹『はるの空：耳の聞こえない私は、音のない世界をこう捉え、こんな風に生きてきた』ジアース教育新社、２０２１年
川渕依子『高橋潔と大阪市立聾唖学校：手話を守り抜いた教育者たち』サンライズ出版、２０１０年
金澤貴之『手話の社会学：教育現場への手話導入による当事者性をめぐって』生活書院、２０１３年
神田和幸『手話の言語的特性に関する研究：手話電子化辞書のアーキテクチャ』福村出版、２０１０年
木村晴美『日本手話とろう文化：ろう者はストレンジャー』生活書院、２００７年
京都市手話学習会「みみずく」『手話学習会みみずく十五年の歩み』１９７８年
京都市手話学習会「みみずく」『手話学習会みみずく二十年の歩み』１９８３年
京都市手話学習会「みみずく」『手話学習会みみずく二十五年の歩み』１９８９年
京都市手話学習会「みみずく」『手話学習会みみずく四十年の歩み』２００３年
京都市手話学習会「みみずく」『京都市手話学習会『みみずく』：創立四〇周年記念のつどい『基調報告につける薬』』２００５年
京都聴覚言語障害者福祉協会編『聴覚障害者福祉の源流』文理閣、２００８年
現代思想編集部編『ろう文化』青土社、２０００年
児島亜紀子『社会福祉実践における主体性を尊重した対等な関わりは可能か：利用者―援助者関係を考える』ミネルヴァ書房、２０１５年
小松達也『通訳の技術』研究社、２００５年
近藤正臣『通訳とはなにか：異文化とのコミュニケーションのために』生活書院、２０１５年

財団法人全日本ろうあ連盟「手話通訳制度調査検討報告書」１９８５年
財団法人全日本ろうあ連盟『財団法人全日本ろうあ連盟五〇年のあゆみ』財団法人全日本ろうあ連盟出版局、１９９８年
財団法人全日本ろうあ連盟・全国手話通訳問題研究会「みんなでめざそうよりよい手話通訳」パンフレット、１９９４年
佐藤＝ロスベアグ・ナナ編『トランスレーション・スタディーズ』みすず書房、２０１１年
澁谷智子『コーダの世界：手話の文化と声の文化』医学書院、２００９年
澁谷智子編『ヤングケアラー：わたしの語り』生活書院、２０２０年
社会福祉法人全国手話研修センター『手話通訳者養成講座実践課程　改訂版』２００４年
社団法人京都府聴覚障害者協会編『授業拒否：３・３声明に関する資料集』１９９６年復刻版（初版は京都府ろうあ協会、１９６８年）
社団法人京都府聴覚障害者協会『京都府聴覚障害者協会社団法人認可50周年記念誌：未来へ』１９８６年
全国手話通訳問題研究会『翔びたて全通研20年のあゆみ』１９９４年
全国手話通訳問題研究会編集「手話通訳問題研究71」２０００年
全国手話通訳問題研究会『手話通訳事例集：コミュニケーション支援と生活支援』２００４年
全国手話通訳問題研究会編、石野富志三郎監修『新・手話通訳がわかる本』中央法規、２０１０年
全国難聴者連絡協議会編『立ちあがる難聴者』たいまつ社、１９７８年
全日本聾唖連盟手話研究委員会編『わたしたちの手話』第1巻、財団法人全日本ろうあ連盟、１９６９年
高田英一『手話の森を歩く：言語としての手話　その秘密を探る』全日本ろうあ連盟、２００３年
高田英一『ろう者たち：権利を求めて』一般財団法人全日本ろうあ連盟、２０１９年
津名道代『聴覚障害への理解を求めて①②』全国難聴者・中途失聴者団体連合会、１９８７年
特定非営利活動法人みみより会『可能性に挑んだ聴覚障害者：ろう者・難聴者50年のあゆみ』文理閣、２００５年
戸部良也『青春の記録 遥かなる甲子園 聴こえぬ球音に賭けた16人』双葉社、１９８７年
鳥飼玖美子『歴史をかえた誤訳』新潮文庫、２００４年
鳥飼玖美子編著『よくわかる翻訳通訳学』ミネルヴァ書房、２０１３年
フランツ・ポェヒハッカー著、鳥飼玖美子監訳『通訳学入門』みすず書房、２００８年

長嶋愛『手話の学校と難聴のディレクター：ETV特集「静かで、にぎやかな世界」制作日誌』ちくま新書、2021年
ペール・エリクソン著、中野義達、松藤みどり訳『聾の人びとの歴史』明石書店、2003年
ノーラ・エレン・グロース、佐野正信訳『みんなが手話で話した島』ハヤカワ文庫NF、2022年
日本手話研究所編『手話・言語・コミュニケーション』1、文理閣、2014年
日本手話研究所編『手話・言語・コミュニケーション』9、文理閣、2020年
林智樹『手話通訳を学ぶ人の手話通訳学入門』(改訂版) 一般社団法人日本手話通訳士協会監修、クリエイツかもがわ、2017年
林智樹『必携 手話通訳者・手話通訳士ハンドブック』社会福祉法人全国手話研修センター、2017年
平川美穂子『参加：耳が聞こえないということ』ジアーズ教育新社、2016年
松本晶行『ろうあ者・手話・手話通訳』文理閣、1997年
水野真木子・内藤稔『コミュニティ通訳：多文化共生社会のコミュニケーション』みすず書房、2015年
三宅初穂『話しことばの要約：要約筆記の探究から』特定非営利活動法人全国要約筆記問題研究会、2012年
宮澤典子『Noricoda波蘭万丈：多文化共生・中途コーダの手話通訳論』一般社団法人全国手話通訳問題研究会企画・編集、クリエイツかもがわ、2016年
村瀬嘉代子『聴覚障害者への統合的アプローチ』日本評論社、2005年
文部省『聴覚障害教育の手引：多様なコミュニケーション手段とそれを活用した指導』海文堂出版、1995年
文部科学省『聴覚障害教育の手引：言語に関する指導の充実を目指して』ジアーズ教育新社、2020年
山本おさむ『わが指のオーケストラ』秋田書店、(1991～1993年) 第1～4巻
要約筆記者養成テキスト作成委員会『厚生労働省カリキュラム準拠：要約筆記者養成テキスト上』社団法人全日本難聴者・中途失聴者団体連合会、2013年
米内山明宏『手話は語る：手話で考え、手話で話す』評伝社、1988年
米川明彦『手話言語の記述的研究』明治書院、1984年
米川明彦『手話ということば：もう一つの日本の言語』PHP新書、2002年
米川明彦監修、全日本聾唖連盟日本手話研究所編集『日本語－手話辞典』財団法人全日本ろうあ連盟、1997年

米川明彦監修、社会福祉法人全国手話研修センター日本手話研究所編集『新 日本語―手話辞典』財団法人全日本聾唖連盟、2011年
米原万里『不実な美女か貞淑な醜女か』新潮文庫、1997年
脇中起余子『聴覚障害教育 これまでとこれから：コミュニケーション論争・9歳の壁・障害認識を中心に』北大路書房、2009年
渡辺平之甫編『古川氏盲唖教育法』文部省、1913年

著者プロフィール

西田朗子（にしだ・あきこ）
京都市出身。立命館大学大学院社会学研究科博士課程後期課程修了、博士（社会学）。
一般企業で勤務後、社会福祉法人京都聴覚言語障害者福祉協会に入職し、いこいの村・梅の木寮、栗の木寮、障害者地域生活支援センター、地域包括支援センターなどに勤務。大阪保健福祉専門学校社会福祉科教員、東亜大学医療学部医療工学科医療福祉コース准教授を経て、現在、立命館大学産業社会学部非常勤講師。
京都手話通訳問題研究会、聴覚言語障害者の豊かな暮らしを築く京都市ネットワーク、男性介護者と支援者の全国ネットワークにて活動。

手話通訳者
きこえない人へのまなざしと権利擁護

2025年４月30日　初版発行

著　者●ⓒ西田朗子
発行者●田島英二
発行所●株式会社 クリエイツかもがわ
〒601-8382 京都市南区吉祥院石原上川原町21
電話 075(661)5741　FAX 075(693)6605
https://www.creates-k.co.jp
郵便振替　00990-7-150584
印 刷 所●モリモト印刷株式会社
装丁･本文デザイン●菅田　亮
ISBN978-4-86342-389-3 C0037　printed in japan